"城市—景区"双驱型乡村发展路径选择与形成机制

刘 鲁 著

北京大学出版社
PEKING UNIVERSITY PRESS

内 容 简 介

本书是"国家自然科学基金"项目（编号：42001168）——"乡村旅游空间的生产：特征、机制与效应"的研究成果。

中国城市化的快速推进和旅游业蓬勃发展持续冲击着乡村，同时为乡村的发展提供了多种可能性，带动着乡村的建筑和基础设施不断更新、乡村的产业结构不断调整。乡村本身要素禀赋的异质性，城市和旅游发展对乡村资源汲取方式的差异，必然使乡村形成差异化的发展路径。尤其是处于城市周边、邻近景区等特殊区位条件下的乡村，它们同时受到城市和景区旅游发展的辐射作用，乡村的多重功能与多重价值得以激活，乡村的发展随之呈现路径分异。

本书将乡村发展置于城市、景区互动发展的整体框架中，试图从生产要素、区域空间结构、路径依赖等理论视角，剖析乡村生产要素在城乡之间、产业之间的流动重组，分析乡村与城市、景区交互过程中乡村区域空间结构的演化与变更，阐释乡村打破单一路径依赖形成路径分异的动态过程。

图书在版编目(CIP)数据

"城市—景区"双驱型乡村发展路径选择与形成机制/刘鲁著. —北京：北京大学出版社，2024.3

ISBN 978-7-301-34797-3

Ⅰ.①城… Ⅱ.①刘… Ⅲ.①农村经济发展—研究—中国 Ⅳ.①F323

中国国家版本馆 CIP 数据核字（2024）第 029084 号

书　　　　名	"城市—景区"双驱型乡村发展路径选择与形成机制 "CHENGSHI-JINGQU" SHUANGQUXING XIANGCUN FAZHAN LUJING XUANZE YU XINGCHENG JIZHI	
著 作 责 任 者	刘　鲁　著	
策 划 编 辑	郑　双	
责 任 编 辑	郑　双	
标 准 书 号	ISBN 978-7-301-34797-3	
出 版 发 行	北京大学出版社	
地　　　　址	北京市海淀区成府路 205 号　100871	
网　　　　址	http://www.pup.cn　新浪微博：@北京大学出版社	
电 子 邮 箱	编辑部 pup6@pup.cn　总编室 zpup@pup.cn	
电　　　　话	邮购部 010-62752015　发行部 010-62750672 编辑部 010-62750667	
印 　刷　 者	北京虎彩文化传播有限公司	
经 　销 　者	新华书店	
	650 毫米×980 毫米　16 开本　15.25 印张　201 千字 2024 年 3 月第 1 版　2024 年 3 月第 1 次印刷	
定　　　　价	88.00 元	

未经许可，不得以任何方式复制或抄袭本书之部分或全部内容。
版权所有，侵权必究
举报电话：010-62752024　电子邮箱：fd@pup.cn
图书如有印装质量问题，请与出版部联系，电话：010-62756370

序

本书是在刘鲁的博士学位论文基础上适当修改之后形成的一个学术成果。本书选取了北京市怀柔区"长城国际文化村"所包括的慕田峪村、田仙峪村、北沟村和辛营村四个行政村作为研究案例地，基于生产要素、空间结构、路径依赖等相关研究视角，对长城国际文化村进行实地调研、社区访谈及二手资料收集，分析四个行政村发展路径的历时演变，发现其发展路径存在不同道路选择。根据乡村发展分别受城市工业和景区旅游产业发展影响程度及其组合的不同，识别划分出不同的发展模式，最后从理论层面提出了环城市乡村经济发展的"城市—景区双驱型"发展框架，借助这个框架，可以分析环城市乡村的产业结构演变过程、空间结构演变、主要影响因素和所受干预机会等问题。

环城市乡村是一类特殊地域形态，无论是从产业组织、社会结构还是从空间景观来看，都会区别于离大中城市较远的区域。在开始选择研究方向的时候，我曾建议刘鲁观察一下北京郊区旅游发展之后，那些游客较多特别是休闲度假游客较多的村子里回乡就业的年轻居民（新型农民）与频繁进村居住旅游的市民，与长期居留在村里很少外出的年长居民（传统农民）进行社会接触之后对乡村社会结构形成哪些方面的影响，也就是对发展乡村旅游的农村社区内社会结构变化进行研究。这一建议刘鲁最终没有接受，因为她觉得自己并非社会学者，更愿意从人文地理和经济地理角度寻求理论突破。作为一个平时还担任《旅游学刊》日常编辑工作的在职人员，下乡调研和社区访谈需要比在校博士生克服更多的困难，但是刘鲁仍然坚持多次前往案例村落，多次深入观察思考，最终功夫不负有心人，寻找到了四个村落经济发展对于慕田峪长城依赖程度的不同，相应的旅游产品也有不同，继续深挖其背后与北京城市工业发展和城市业态的关系也有不同，从而为本书的理论立足点找到了坚实肥沃的土壤：城市与景区，工业与旅游双驱，以及双驱的组合形态各不相同，为建构、分析和解释北京郊区乡村社会经济发展找到了一把钥匙，也为城市地理学、旅游地理学和旅游规划原理提供了一项新的知识溢出。

城市居民对环城市乡村的生产需求不仅仅停留在传统的粮食与蔬菜提供上，还有对乡愁体验、乡村景观和非物质生态服务的需求。

正是观察到环城市乡村的独特性，也正是基于城市—景区（制造业—服务业）双驱模式在环城市乡村的普遍存在，北京大学城市与环境学院在昌平小汤山镇专门设置了乡村振兴教学实习基地，同时它也是环城市乡村发展的长期观察研究基地。相信未来随着对环城市乡村土地社会特征和科学规律的了解与把握，更多的科学证据就会反馈到政策制定者与执行者那里，我们的乡村振兴与城乡一体化高质量发展，就会更好地响应中央一号文件要求，更重要的是，能够更好地回应乡村居民的发展要求和城市居民的品质生活需求。

吴必虎

2024 年 3 月 6 日于北京大学

前　　言

中国城市化的快速推进和旅游业蓬勃发展持续冲击着乡村，同时为乡村的发展提供了多种可能性，带动着乡村的建筑和基础设施不断更新、乡村的产业结构不断调整。乡村本身要素禀赋的异质性，城市和旅游发展对乡村资源汲取方式的差异，必然使乡村形成差异化的发展路径。尤其是处于城市周边、邻近景区等特殊区位条件下的乡村，它们同时受到城市和景区旅游发展的辐射作用，乡村的多重功能与多重价值得以激活，乡村的发展随之呈现路径分异。

城市近郊型乡村、景区周边型乡村是以往乡村发展研究中重要的单一视角概念界定，仅仅考虑了城市或景区单一视角下乡村发展的影响，尚未考虑到乡村、城市、景区三者之间互动的频繁性、复杂性和多元性。在这种多元复杂的关系交织中，乡村在城市、景区的共同干预下，往往存在多路径选择，而乡村如何做出路径选择、为何选择相应的发展路径目前尚不明确。基于此，本书将乡村发展置于城市、景区互动发展的整体框架中，试图从生产要素、区域空间结构、路径依赖等理论视角，剖析乡村生产要素在城乡之间、产业之间的流动重组，分析乡村与城市、景区交互过程中乡村区域空间结构的演化与变更，阐释乡村打破单一路径依赖形成路径分异的动态过程。

本书选取了北京市怀柔区"长城国际文化村"所包括的慕田峪村、田仙峪村、北沟村和辛营村四个行政村作为研究案例地，基于生产要素、区域空间结构、路径依赖等相关研究视角，对案例地进行实地调研、深入访谈及资料收集和整理，通过分析四个案例村在不同时间截面发展路径的演变情况，探索乡村发展路径的道路分岔口以及形成过程。重点围绕"城市—景区"双驱型乡村发展路径的动态演变过程、空间演变、影响因素和干预机会四个核心研究内容展开。

"城市—景区"双驱型乡村发展路径选择与形成机制

本书的主要研究内容和过程如下：首先，通过梳理四个案例村的发展脉络，剖析阶段性发展转变过程中呈现的多元化、动态化的路径选择；其次，探索不同时间截面乡村发展路径的影响因素，探索案例村在城市溢出、景区辐射和乡村响应共同作用下其发展路径的分异以及形成机制；最后，面向"城市—景区"双驱型乡村发展，思考分析未来发展过程中关键的干预机会及优化策略。具体而言，前三章主要介绍了研究选题的背景意义、梳理乡村发展相关的研究成果并厘清核心概念的内涵外延边界、阐述了研究选择的理论基础和研究视角、表明了研究案例的典型性和具体研究路线与方法；第四章重点分析了四个案例村发展演变的历时性过程与路径选择特征；第五章总结"城市—景区"双驱型乡村发展过程影响因素及发展路径形成机制；第六章分析"城市—景区"双驱型乡村发展中的路径模式及其干预优化；第七章阐述研究结论、理论贡献，提出本研究的不足与展望。

本书主要提出的研究结论如下。

（1）城市、景区和乡村自身等多元力量共同驱动乡村发展路径呈现出非线性、多元化的发展与演变特征。"城市—景区"双驱型乡村发展在内外部多重力量综合作用下，呈现出复杂的非线性过程以及多维性发展特点，并在同一区域内分化为不同的动态转型过程，形成了区域内差异化、分异化的发展路径。

（2）"城市—景区"双驱型乡村发展是以土地利用空间演变的扩大呈现。土地作为乡村地区首要的资源，土地利用的变化实际上是乡村发展路径演变的缩影，空间形态、乡村聚落风貌和乡村经济形态都映射在土地利用变化过程之中。土地利用的空间演变也回应了城市与景区作为区域增长的重要引擎，对周边地区的增长具有带动作用。

（3）"城市—景区"双驱型乡村发展是城市溢出、景区辐射和乡村响应共同作用形成的，城市、景区的动态发展，对乡村发展的影响也是动态变化的。城市溢出效应主要体现在城市居民旅游需求的变化、资本和人力的流动三个方面；景区辐射升级导致对乡村发展辐射影响范围呈现出点线面的扩散趋势；于乡村自身而言，生产生活组织方式的响应和政策体系的协同作用都影响着乡村发展路径的演变。

（4）"城市—景区"双驱型乡村发展路径选择大致分异为"城市主导—景区辅助"驱动型发展路径、"景区主导—城市辅助"驱动型发展路径、"城市—景区"并重驱动型发展路径、"城市—景区"双重弱驱动型发展路径。不同乡村发展路径下的城乡关系、产业结构和发展方向表现出巨大的差异。

（5）区域产业调整、乡村精英回流、农村集体建设用地入市是乡村发展的关键干预机会。乡村发展没有终点，只有起点，也就意味着，乡村的发展最终会突破路径依赖，实现路径创造和路径生产。对于乡村未来的发展，研究发现，乡村在城市和景区多元互动中，将面临区域产业调整、乡村精英回流、农村集体建设用地入市政策实施等一系列关键干预机会。

本研究尝试的创新在于：（1）揭示了"城市—景区"双驱型乡村发展的路径选择，提炼出了"城市—景区"双驱型乡村发展的四种路径模式，突破了传统的基于单一视角审视乡村发展的理论模式，为乡村发展的路径创新提供了理论依据；（2）构建和验证了"城市—景区"双驱型乡村发展路径选择的分析框架，并揭示了乡村发展中多元路径动态演化的非线性发展过程，为"城市—景区"双驱型乡村发展提供了路径分析工具；（3）明确了城市、景区对乡村发展路径选择的外部性作用，揭示了"城市—景区"双驱型乡村发展的干预机会及其作用机制，为"城市—景区"双驱型乡村发展的过程调控提供了依据和方向。

刘　鲁
2023 年 11 月

目　　录

第一章　绪论 ·· 1

1.1 选题背景 ·· 2
 1.1.1 乡村振兴战略激励了多路径乡村发展的探索 ······················ 2
 1.1.2 旅游驱动乡村发展成为各地常见的路径选择 ······················ 4
 1.1.3 城市周边乡村的发展涌现出新的研究命题 ························· 5
 1.1.4 乡村发展路径的学理探讨和实证研究应该进一步深入 ········ 7
1.2 研究目标与内容 ·· 9
 1.2.1 研究目标 ··· 9
 1.2.2 研究内容 ··· 10
1.3 选题意义 ··· 11
 1.3.1 理论意义 ··· 12
 1.3.2 实践意义 ··· 13
1.4 研究方法 ··· 15

第二章　理论基础与分析框架 ·· 19

2.1 乡村发展路径研究进展 ·· 20
 2.1.1 乡村发展相关研究进展 ··· 20
 2.1.2 乡村发展路径的相关研究进展 ······································· 24
 2.1.3 城市对乡村发展路径影响研究 ······································· 27
 2.1.4 景区对乡村发展路径影响研究 ······································· 31
 2.1.5 乡村发展路径研究总体述评 ·· 33
2.2 相关理论基础研究 ··· 36
 2.2.1 生产要素理论与乡村发展研究 ······································· 36
 2.2.2 区域空间结构理论与乡村发展研究 ································ 42
 2.2.3 路径依赖理论与乡村发展研究 ······································· 47
2.3 本研究分析框架的构建 ·· 52

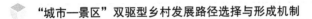

第三章 研究设计与研究实施 ……………………………………… 55
3.1 案例地选取 ………………………………………………… 56
3.1.1 案例地典型性说明 ………………………………… 57
3.1.2 案例地概况 ………………………………………… 59
3.2 数据资料的采集 …………………………………………… 61
3.2.1 事件资料采集 ……………………………………… 61
3.2.2 文本资料采集 ……………………………………… 62
3.3 数据资料分析 ……………………………………………… 65

第四章 "城市—景区"双驱型乡村发展的路径选择 …………… 67
4.1 景区介入与乡村转型：慕田峪村发展路径选择 ………… 68
4.1.1 初始路径选择：依托长城景区开发的初步发展 … 69
4.1.2 二次路径选择：外来经营者影响下的国际文化村建设 … 73
4.1.3 三次路径选择：景中村的形成与乡村转型调适 … 80
4.2 精英主导与国际视野：北沟村发展路径选择 …………… 86
4.2.1 初始路径选择：乡村精英回流主导下村庄环境改造升级 … 86
4.2.2 二次路径选择：农业乡村依托长城景区跨越式发展 … 91
4.2.3 三次路径选择：国际文化村建设向国际休闲度假乡村 … 96
4.3 从传统生计到多元发展：田仙峪村发展路径选择 ……… 101
4.3.1 初始路径选择：从传统农业转型水产特色养殖 … 101
4.3.2 二次路径选择：从单一水产养殖到多元乡村旅游业 … 103
4.3.3 三次路径选择：从多元乡村旅游业到农村休闲养老 … 110
4.4 发展滞后到谋求振兴：辛营村发展路径选择 …………… 116
4.4.1 初始路径选择：传统第一产业经济的发展 ……… 116
4.4.2 二次路径选择：开始谋求乡村旅游发展 ………… 118
4.5 慕田峪村、北沟村、田仙峪村和辛营村发展路径的比较分析 … 121
4.6 本章小结 …………………………………………………… 128

第五章 "城市—景区"双驱型乡村发展路径的形成机制 ……… 130
5.1 城市溢出效应对乡村发展的影响机制 …………………… 131
5.1.1 城市居民旅游需求变化：从观光到休闲 ………… 131

目　录

  5.1.2　城市资本流动对乡村发展的影响···135
  5.1.3　人力资本流动对乡村发展的影响···146
5.2　景区辐射效应对乡村发展路径的影响机制···154
  5.2.1　景区开发初期：对单个乡村初始发展路径的改变·····················155
  5.2.2　景区转型升级：从单个乡村到长城国际文化村····························158
  5.2.3　景区公司所有权转变：以景区为辐射的区域旅游发展···············161
5.3　"城市—景区"双驱发展模式下的政策协同影响机制·······························164
  5.3.1　政策对生产要素流动的影响···164
  5.3.2　政策对土地利用和空间结构的影响···165
5.4　"城市—景区"双驱发展模式下的乡村内部响应机制·······························167
  5.4.1　生产组织方式的响应···167
  5.4.2　乡村环境空间的响应···168
  5.4.3　乡村社会文化的响应···169
5.5　本章小结···170

第六章　"城市—景区"双驱型乡村发展路径模式与干预优化 ······173

6.1　"城市—景区"双驱型乡村发展的路径模式···174
  6.1.1　"景区主导—城市辅助"驱动型乡村发展路径：
     慕田峪村···175
  6.1.2　"城市—景区"并重驱动型乡村发展路径：北沟村···················176
  6.1.3　"城市主导—景区辅助"驱动型乡村发展路径：
     田仙峪村···177
  6.1.4　"城市—景区"双重弱驱动型乡村发展路径：辛营村···············179
6.2　"城市—景区"双驱型乡村发展的干预机会···180
  6.2.1　干预机会的概念及其解释力···180
  6.2.2　干预机会一：区域发展主导产业的推动·····································182
  6.2.3　干预机会二：回流的乡村精英的引领···183
  6.2.4　干预机会三：农村集体建设用地入市政策的推动······················186
6.3　"城市—景区"双驱型乡村路径模式的优化管理···188
  6.3.1　"城市—景区"双驱型路径模式的优化机制·······························188
  6.3.2　"城市—景区"双驱型路径模式的优化方向·······························190
6.4　本章小结···191

第七章 结论与展望 ·· 193

7.1 研究主要结论 ·· 194
7.1.1 "城市—景区"双驱型乡村呈现非线性、多元化发展演化过程 ··· 194
7.1.2 "城市—景区"双驱型乡村发展路径以土地利用的空间演变扩大呈现 ··· 195
7.1.3 乡村发展路径演变受城市溢出、景区辐射和乡村响应共同影响 ··· 197
7.1.4 区域产业调整、乡村精英、集体建设用地入市是乡村发展的关键干预机会 ··· 198

7.2 研究的理论贡献 ·· 200
7.2.1 提出"城市—景区"双驱型乡村发展路径理论分析框架 ······ 200
7.2.2 明确"城市—景区"双驱型乡村多元路径动态竞争的非线性发展过程 ·· 202
7.2.3 揭示"城市—景区"双驱型乡村发展的干预机会及其作用机制 ··· 202

7.3 研究局限与展望 ·· 203
7.3.1 研究局限 ·· 203
7.3.2 未来研究展望 ··· 204

附录 A 访谈提纲 ·· 206

附录 B 受访者基本信息 ··· 209

参考文献 ··· 216

第一章

绪　　论

"城市—景区"双驱型乡村发展路径选择与形成机制

1.1 选题背景

中国已从传统农业生产方式为主导的"乡土社会"演变成农业大国（费孝通，1998）。乡村发展关乎整个国家未来的发展，乡村振兴战略的提出凸显了乡村发展的重要性和紧迫性。在城市化和现代化进程中，城乡关系与乡村发展已成为研究的热点领域，新时代背景下的城乡互动更为频繁紧密，乡村呈现出更为复杂和多元的发展现实，乡村发展也成为理论与现实无可回避的研究命题。

1.1.1 乡村振兴战略激励了多路径乡村发展的探索

改革开放 40 多年来，中国乡村的发展也随着新时代进步不断深入和变化。进入 21 世纪，"三农"问题、城乡统筹规划和新农村建设逐步成为国家重要的战略，乡村地区的发展正面临新的机遇。党的十六大开始强调城乡统筹，着力提升乡村地区的物质文化建设，努力缩小城乡之间的差距，并持续性地关注社会主义新农村建设，此后党的十七大、十八大乃至十九大都关注乡村地区发展与前景，关于乡村发展的问题连续十几年作为中央、国务院的头号文件而发布（叶超 等，2019）。中国自古以来都是农业大国，农业兴则国家兴、农民富则国家富、农村盛则国家盛，党的十九大报告明确提出实施乡村振兴战略，并强调乡村振兴按照"产业兴旺、生态宜居、乡风文明、治理有效、生活富裕"的总要求，实现乡村产业振兴、人才振兴、文化振兴、生态振兴、组织振兴。乡村再次成为国家关注的焦点，乡村振兴战略成为促进乡村发展的重要政策。其中也包含着国家"十三五"规划的重点工作。

第一章 绪论

乡村振兴上升为国家战略,乡村的发展迎来了黄金发展机遇期。理论与实践都积极探索乡村从衰落走向复兴的诸多途径,如现代农业产业发展(万俊毅 等,2018)、乡村现代化(陈锡文,2018)、城乡融合(何仁伟,2018)、三产融合(孔祥利 等,2019)、乡村旅游(陆林 等,2019)等。学者们逐渐认识到乡村地域系统具有自身独特的地方,需要深入剖析乡村生计层、制度层、意识形态层和自然层(周尚意,2017),识别乡村独特区域背景或地理环境,促进乡村多元发展与振兴。

乡村自身独特的自然因素和人文因素必然会对乡村的物质资料和社会关系产生作用。一方面,影响乡村发展的自然因素包括乡村所处的气候、土壤、地形、水文、动植物资源等方面,自然因素在很大程度上影响着乡村发展的方向,例如有乡村凭借独特的气候条件而发展特色作物种植,亦有乡村因其动植物资源禀赋而发展相应的生产、旅游观光等。可以说,自然因素作为乡村的物质基础对乡村发展起着方向性的作用。另一方面,乡村发展的人文因素则包括社会和文化两个大的方面。其中,社会因素包括乡村所处的区位、交通、产业和人口等,文化因素则包括乡村的制度、习俗、艺术和语言等。人文因素作为乡村发展的内在动力同样关键,例如有乡村以优越的区位条件而逐步向城市地域发展,亦有乡村凭借产业而逐步实现工业化,同时也有乡村依据自身独特的人文风情和文化内涵成为旅游胜地。需要说明的是,影响乡村发展的自然因素和人文因素绝非相互隔离,而是互相影响、共同作用于乡村的,自然因素在很大程度上影响着人文因素的作用,人文因素也能一定程度上改造自然因素。

总之,乡村发展受到自然、人文等多因素共同的影响,各因素产生的影响作用的差异形成差异化的乡村发展状况。中国乡村地区广袤,乡村异质性突出,各个乡村的自然资源基础、历史和人文演进特点、内外部发展条件等各不相同，乡村振兴上升为国家战略，强调的便是从乡村自身、乡村地方性出发探索多元化的乡村发展路径，让乡村有的放矢、有针对性地发展，凸显乡村自身的特色和优势，真正实现乡村振兴和可持续发展。

1.1.2 旅游驱动乡村发展成为各地常见的路径选择

20世纪90年代后期，旅游在乡村发展中逐渐兴起，尤其是处于城市郊区、景区边缘、特色村寨、特色农业基地区位条件的乡村，旅游发展已经成为乡村发展的主要路径（郭焕成 等，2010）。我国的乡村旅游经历了一个从无到有，从小到大，从简到精的发展过程。最先出现的是农家乐，只是简单地让游客吃农家饭、住农家屋，逐渐拓展产业链，发展成为休闲农庄、度假村等新形态，之后又出现了一系列古村镇等乡村旅游目的地，到如今，各种民俗村层出不穷，乡村旅游目的地逐渐成为民俗风情的集中展现地。截至2018年8月24日，中国共创建休闲农业和乡村旅游示范点636个，这就意味着旅游对乡村发展的作用日益凸显。伴随着乡村旅游的迅猛发展，旅游已经成为推动乡村发展的重要力量，乡村发展"旅游化"已经成为一种普遍现象。旅游产业具有关联度高、带动性强和生态环保的特征，通过旅游开发可以有效推动乡村产业结构升级、空心村治理、乡村剩余人口的就地安置、农民增收和乡村空间重构（程哲 等，2016）。

依托自然生态、历史人文资源发展旅游产业成为乡村发展的主要路径之一（郭进，2018）。乡村旅游作为乡村发展的探索路径，已经成为乡村发展实践中最为常见的路径选择。乡村旅游作为中国旅游业态的重要形式，在全国旅游总人数和旅游总收入中的占比不容忽视，乡村旅游在整个旅游业中的比重越来越高，据统计，截至2018年底，全国乡村旅游接待的游客超过了30亿人次，并接近国内游客接待人次总量的60%；所创造的营业收入超过了8000亿元。如北京城市周边的慕田峪村、司马台村和广州城郊的小洲村、大埔围村等都成为著名的乡村旅游地，发展其旅游经济成为本地经济发展的主攻方向。

尽管旅游成为各乡村发展的常见路径，但是其发展过程、发展模式并不相同，郑群明等（2004）根据利益相关者的参与模式，将乡村旅游的发展模式划分为"公司+农户"模式、"公司+社区+农户"模式、"政府+公司+农民旅游协会+旅行社"模式、股份制模式、"农户+农户"模式；黄进依据乡村发展的旅游内容将其发展模式划分为乡村田园风光模式、地域风情文化模式、旅游农业开发模式、民居住宿旅游模式（黄进，2002）；也有学者根据依托对象的不同，将乡村发展旅游的模式划分为城市依托型和景区依托型（谢天慧，2014）。总而言之，旅游已经成为乡村发展的常见路径选择，但是其发展旅游或者旅游作用于乡村发展的过程并不是完全一致的，乡村自身的资本、区位、资源禀赋、村民参与甚至外部旅游需求的变化都会影响乡村发展与旅游的互动过程，对于旅游与乡村之间深刻的互动关系剖析也是乡村研究所需要关注的要点所在。

1.1.3 城市周边乡村的发展涌现出新的研究命题

城市与周边乡村历来是密不可分的互利共生关系（李刚，2017），来自城市的外部空间以资本、技术、人才和市场等因素对乡村地域进行着乡村重构,其中资本以资金入驻、文化迁移和社会关系延伸等方式促使乡村地域的发展,并以产业、文化和社会结构的再生来体现;此外,技术和人才因素则在乡村可持续性上产生影响;市场因素则是为乡村与城市等外部空间的双向流动提供前提。城市空间拓展、产业延伸等重新塑造了乡村的社会经济结构,乡村的生产空间、生活空间和生态空间发生了相应调整乃至根本性变革(龙花楼,2013)。

一方面,城市化给乡村带来诸多机遇,城市化进程推动乡村经济社会发展,加快了城乡之间诸多要素的流动,促使城乡之间的联系更加紧密,城市溢出效应亦推进了乡村资源的市场化和产业结构转型升级(李智 等,2017),为乡村提供了多重发展基础与方向,也为乡村复兴注入多元活力。

另一方面,城市化的快速推进给乡村发展造成许多困扰。资本和市场经济改写了中国乡村原有的社会文化基础(吕祖宜 等,2017),城市的扩张侵占了乡村的土地、自然生态等,乡村的乡村性逐渐丧失。乡村被置于"多元主体、多重尺度与交织流动的关系之中"(Heley et al,2012)。如今,乡村仍面临城乡发展不平衡、城乡差距巨大,农业基础不牢固、发展压力加大,"乡村病"日益严峻、多种矛盾加剧等问题(刘彦随,2018;刘正佳 等,2018),更为甚者,乡村演变成了城市的附庸。城乡关系演变和乡村快速转型时期,科学认知城乡关系发展和演变规律对于乡村振兴战略的实施、城乡结构的调整和城乡格局的优化具有重要意义(张英男 等,2019)。同时,人们所期待并实践的"乡村需要",亟须乡村参与者做出适时的响应与调整。

城市周边型乡村具有区位、交通、人流和市场上的显著优势,往往依托城市发展乡村旅游、乡村工业等,以往其发展路径主要围绕城市,为城市提供产品、服务等,与城市之间存在密切的信息、物质流动,但是在新的发展背景下,乡村对城市的依附性减弱,而是在城和乡村自身发展中不断探寻新的路径，增强乡村功能的多元性。对于城市周边的乡村而言，如何协调与城市之间的关系，促进城乡一体化发展甚至是区域的协调发展，并在城市化以及全球化过程中保持乡村特色文化，而不是被城市或者现代化简单、粗暴地终结，是乡村发展过程中需要持续思考的研究命题，也是城市周边乡村发展演变过程中面临的新研究命题，在回应城市发展的辐射作用过程中，有效地回应人们所期待的"乡村需要"。不同区域的乡村发展存在发展路径上的差异，而这些差异又并非完全与区域产生必然联系，乡村发展路径选择的区域考量为具体的研究提供了思路，同时有待进一步的发现与验证。

1.1.4 乡村发展路径的学理探讨和实证研究应该进一步深入

乡村发展始终是个动态变化的过程，社会经济、政治和文化制度等都对乡村发展起到难以估量的影响和作用。一般情况下，乡村发展路径选择在不同的时期受到相应的经济、政治和文化制度的影响而呈现出典型的特征，进而反映出不同的乡村发展类型。在过往的研究中，学者根据乡村在发展的关键阶段的产业特点划分出不同的乡村发展类型，主要有农业主导型、工业主导型、商旅服务型和均衡发展型四种发展类型（龙花楼 等，2009）。值得注意的是，四种乡村发展类型在不同的阶段呈现出相应的典型特征，但并没有严格意义上的顺序之分，即乡村发展阶段并非以农业主导型—工业主导型—商旅服务型—均衡发展型的顺序依次更替。

诚然，每种乡村发展路径都是乡村要素综合作用下的结果，并具有典型阶段的特征。首先，乡村地域最初的发展阶段主要表现为普遍的农业种植，并且农业的发展状况决定着当地的经济发展水平和就业情况（周志祥 等，1988）。在以农业为主导的乡村发展阶段里，具体种植作物也会因社会的经济、政治等状况而发生改变，从粮食作物到果蔬作物等种植，同时也出现了大量种植某一作物的"芒果村""火龙果村""蓝莓村"等现象。其次，在农业主导型发展阶段往往会面临农业收益下降、农业种植不稳定的问题，加上系列工业优惠政策的不断刺激，乡村工业开始蓬勃发展，进入工业主导型的乡村发展关键阶段。这一阶段主要表现为工业用地增多、乡村建设用地扩展和就业结构变化等。中国的许多乡村经历过或经历着工业化，并在此过程中不断发展起来，以工业为支撑扩大乡村的规模并提升乡村的等级，逐步形成乡村—城镇—城市—大城市的发展历程。再次，随着乡村振兴和美丽乡村建设的推进，乡村旅游开始作为乡村地区的产业和发展方向之一发挥作用，尤其是在大城市周边的郊区地带不断增长新的乡村旅游点，对当地居民收入的提升、基础设施的改善和乡村文化的传播等方面起到积极作用。在此基础上形成的商旅服务型乡村发展阶段表现出以旅游为核心的乡村产业模式和乡村就业模式等，出现了与旅游相关的服务业，并由此衍生了大量依赖于旅游发展的工作。最后，均衡发展阶段指的是产业、就业上的比重均衡，各产业间没有明显的优势，亦可表现为多方的驱动。

学界已经逐渐关注到乡村的多元发展，并提出了多功能乡村转型理论，表明社会发展过程中人类对乡村地域生产、消费和生态等多元功能的需求变化驱动乡村不断演变（Holmes，2006；房艳刚 等，2015）。国内学者基于多功能理论探讨了乡村的多元发展，并指明由于要素禀赋的差异，中国的乡村地域在动态转型过程中分化成了不同的发展类型。因此，乡村地区应以多功能理论为指导，充分利用中国传统农耕经验丰富、乡村历史文化厚重、社会凝聚力较强等优点，结合乡村地域类型，实行区域差异化的发展路径（房艳刚 等，2015）。在这种背景下，从中观和宏观区域层面探求乡村多元化发展路径及对策的研究不断涌现（王道，2018），学界也围绕具体村落的发展路径进行了丰富的案例探索，部分研究开始关注城市依托（李建伟 等，2020）和景区依托（张雄一 等，2016）对乡村发展路径的影响。但总体上，这些案例研究主要是基于单一的驱动视角审视乡村旅游的发展路径，案例地所在的乡村主要依托于中小城市，对于依托国际化都市和世界遗产型旅游景区的乡村发展还缺乏应有的案例检验，相关的理论总结也较为贫乏。因此，对乡村旅游发展路径的理论探索和实证研究应该进一步深入。

1.2 研究目标与内容

1.2.1 研究目标

本研究将重点考察在城市和景区的双重优势背景下，乡村发展路径的演化过程及其影响因素。研究将基于城乡关系、景乡关系的双重考量，以乡村发展路径分异的影响因素为研究切入点展开研究，并将依托生产要素理论、区域空间结构理论、路径依赖理论，结合地理学、社会学、管理学等多学科方法开展研究。研究试图达到以下研究目标：①建构和验证"城市—景区"双驱型乡村发展路径的理论分析框架，识别"城市—景区"双驱型乡村发展路径的演变特征及其规律；②基于多案例的比较分析，揭示"城市—景区"双驱型乡村发展路径模式，分析案例地乡村在不同时期和不同阶段的发展路径、驱动机制、要素关系等，明确乡村各类要素与发展路径选择之间的互动关系及其表现形式；③探索"城市—景区"双驱型乡村发展路径的影响机制，明确乡村发展中的关键干预机会和优化策略，为双驱型乡村发展提供理论依据和实践方向；④探求"城市—景区"双驱型乡村的可持续发展和优化模式，丰富乡村发展的理论体系，推动城乡一体化和乡村旅游持续协调发展，为乡村振兴发展提供理论支持和决策依据。

1.2.2 研究内容

本研究选择北京市怀柔区"长城国际文化村"（具体包括慕田峪村、北沟村、田仙峪村和辛营村）为研究案例地，深入探索和剖析"城市—乡村—景区"之间的联动关系，以生产要素理论、区域空间结构理论、路径依赖理论为理论基础，综合使用个案—田野调查、过程—事件分析、比较分析和空间分析等方法，从动态视角探索多元乡村发展路径的演变过程、影响因素和干预机会，主要探索如下问题。

（1）"城市—景区"双驱型乡村发展的路径选择

梳理案例地乡村发展演变的历程，结合案例地的生产要素的禀赋、流动，乡村与城市、乡村与景区空间结构的演变，分析城市力量、景区发展对案例地乡村发展路径选择的过程、作用与影响，系统整理乡村发展路径选择的历时性过程及其阶段特征，明确案例地乡村在不同时期的不同路径选择。

（2）"城市—景区"双驱型乡村发展的空间变化

由于城市、景区对乡村发展介入的时间、空间存在差异，乡村自身的要素禀赋和发展潜力不同，乡村发展对接城市、景区的方式和途径不同，因此试图从土地利用变化的角度分析不同发展阶段案例地乡村发展的空间演变，以土地利用变化明确城市与乡村、景区与乡村的空间结构变化。

（3）"城市—景区"双驱型乡村发展的形成机制

总结乡村发展路径变迁、分异过程的影响因素，剖析城市溢出、景区辐射和乡村响应等对乡村发展路径的作用机制,从而获得对多元乡村发展路径动态演化和形成过程的认识,以回应和拓展生产要素理论、区域空间结构理论、路径依赖理论在乡村发展路径研究中的应用。

(4)"城市—景区"双驱型乡村发展的干预机会

总结"城市—景区"双驱型乡村发展的主要路径模式及其特点,明晰城市和景区对乡村发展路径选择中的关键干预机会和干预力量,并分析"城市—景区"双驱型乡村发展的优化策略,为乡村发展的路径实践提供策略方案。

1.3 选题意义

乡村发展一直是我国社会发展的关键所在,党与国家一直高度关注我国乡村的发展问题(翟向坤 等,2016)。新的转型时期,中国的乡村发展路径需要体现乡村的综合性、复杂性和区域性(杨忍 等,2019)。乡村发展不能孤立于城市之外,随着乡村旅游的兴起,乡村发展也无法忽视旅游的作用力量,城市、旅游作为两种不同的力量不断地改变着乡村本身、影响着乡村发展的路径选择,城市和旅游对乡村发展的作用机制已然成为学界研究关注的热点。具体到本书所遴选的案例地,是同处于城市力量和景区力量两种力量驱动影响作用下的乡村类型,处于"城市与乡村""景区与乡村""生产与消费"多元互动关系网络之中,乡村的发展路径选择更加多样化。本书试图厘清乡村发展路径在城市、景区双驱力量干预中的动态演化过程、乡村在城市与景区互动发展过程中的空间变化、路径分异的内外部影响因素及形成机制。鉴之,深入探索和剖析城市—乡村—景区之间的联动关系

"城市—景区"双驱型乡村发展路径选择与形成机制

具有重要的理论和实践意义,弥补了既往研究中对城市影响乡村发展、旅游影响乡村发展的独立探析。

1.3.1 理论意义

(1)构建和验证"城市—景区"双驱型乡村发展路径的理论分析框架,为乡村发展路径的理论研究提供案例证据

本研究聚焦于城市力量、景区力量共同驱动干预下的乡村发展,基于区位条件和生产要素的差异,这种类型的乡村发展过程必然存在其特殊性。本研究将基于生产要素理论、区域空间结构理论、路径依赖理论等相关理论建构"城市—景区"双驱型乡村发展路径的理论分析框架,并基于"长城国际文化村"四个行政村——慕田峪村、北沟村、田仙峪村和辛营村的典型案例进行实证检验。"长城国际文化村"既依托于首都北京这一国际化的大型都市,又依托慕田峪长城景区这一承载世界级旅游资源的旅游景区,具有较强的典型性和独特性。基于长城国际文化村中的四个行政村进行案例实证,有利于充分检验"城市—景区"双驱型乡村发展路径理论分析框架的科学性,为认知和理解双驱型乡村发展的路径选择提供可靠的理论分析工具。

(2)揭示"城市—景区"双驱型乡村发展的多元路径及其动态关系,为理解双驱型乡村发展的路径选择提供理论依据

从既有的文献看,关于乡村发展路径选择的研究通常依托于特定的乡村进行单案例研究,难以对相同区位中的不同发展路径的驱动机制进行分析和检验。本研究将系统分析"长城国际文化村"的动态演化过程,对四个村多元发展路径的分异及其非线性发展过程进行分析总结,并据此提炼出"城市—景区"双驱型乡村发展的多元路径模式。本研究将为乡村发展的多元路径下的动态发展和非线性发展提供案

例证据,对于我们深入理解和认识城市、景区对乡村多路径发展的作用提供理论依据。本研究的结论预期将为乡村发展路径理论提供新的理论结论。

(3) 揭示"城市—景区"双驱型乡村发展的影响因素和过程机制,为探索双驱型乡村发展路径的过程干预提供新的理论视角

乡村发展振兴过程是一个复杂的多因素影响过程,它不可避免地受到城市发展、景区发展的辐射和干预。城市化、乡村旅游都是乡村发展路径研究领域的热点内容,但是既有研究中较少关注到乡村发展路径中内外作用因素的优势比较,也难以认识到乡村发展的路径选择往往是内外作用下优势比较的结果。本研究将集中分析城市溢出和景区辐射在乡村发展路径中的驱动作用,厘清城市溢出和景区辐射中的具体表现因素和干预机会。同时,本研究将突破传统的从静态的乡村发展结果进行观察研究的方式,而是基于动态的、持续性的、长时期的乡村发展路径演变的跟踪分析,并以此探索乡村在城市力量、景区力量、乡村自身力量多元关系交织中的演化过程和分异结果,由此实现对乡村发展路径影响因素及其干预机制的深入总结。本研究有助于丰富乡村发展路径的理论研究视角,丰富乡村研究中路径分异和干预机会的实证结论。

1.3.2 实践意义

(1) 指导"城市—景区"双驱型乡村把握发展中的"道路分岔口"

"城市—景区"双驱型乡村发展路径演化呈现出"城市与乡村""景区与乡村"的多维交叉关系与属性特征,使其在乡村发展路径演化过程中呈现出更为复杂的干预过程,通过对其深入研究,明晰其动态演化过程和机制作用,剖析双驱型乡村发展路径的分异,明确城市、景

区力量介入乡村的时空差异,将为其他双驱型乡村提供充分的理论依据和实践指导。本研究成果有助于双驱型乡村科学应对城市作用和景区介入的双重驱动,使其能够主动剖析自身的现状和深挖潜在动力,把握不同类型的干预机会,并能在乡村发展路径的道路分岔口做出更优的路径选择,把握被动优化所带来的潜在动力,以主被动结合的方式实现乡村的建设和发展。

(2) 推动"城市—景区"双驱型乡村要素实现高效合理的配置管理

对"城市—景区"双驱型乡村发展路径演化过程进行探究,实际上是对乡村发展路径更新转换过程中生产要素的流动、重组和再分配进行动态考察。本研究的结论将为乡村多元路径发展中的要素组合与要素配置提供科学依据,指导乡村发展实践过程中各要素的联动和高效合理的配置,实现乡村多路径发展的高效决策,为乡村发展制定长远规划提供实践指导和案例依据。

(3) 帮助"城市—景区"双驱型乡村建立良性的发展路径和决策体系

城市与景区的发展广泛地影响着乡村发展进程,乡村也在城市和景区发展中被影响并经历着演化。本研究将对乡村发展路径的演变、分异过程和形成机制进行深入分析,这有助于科学认知乡村发展过程中城市力量和景区力量的干预过程与意义,明确城市溢出、景区发展、乡村探索对乡村发展路径分异结果的内外部作用机制和影响方向。本研究的结论将为其他乡村发展提供模范参考,促进乡村在多元力量的影响过程中激发内生活力,壮大乡村自身发展力量,探索乡村良性发展路径。

第一章　绪论

1.4　研究方法

本研究将遵循地理学案例实证的研究范式，按照"理论分析→实地调研→案例比较→综合理论建构"的逻辑主线开展研究，具体对"城市—景区"双驱型乡村的路径选择、空间演变、影响因素和干预优化等进行探索。本研究依据研究问题需要，综合地理学、社会学、管理学和人类学等多学科视角和跨学科研究方法，针对不同的研究内容采用定性和定量的数据搜集和数据分析方法。在数据搜集上，主要采取个案研究—田野调查方法采集质性数据，通过 Google Earth 历史无偏移影像数据库获取空间分析数据；在数据分析上主要采用"过程—事件"、比较分析等方法进行质性数据的分析，借助 Arc GIS 等空间分析工具对乡村的物质形态变化进行空间分析和空间表达。

本研究主要采用的研究方法包括以下几种。

（1）文献分析法

本研究将基于理论文献的系统考察，梳理本研究的选题背景、研究内容、研究目标及选题意义，对本书所涉及的核心概念进行概念界定。在文献综述和研究阶段，主要针对研究主题相关的文献，进行收集、梳理和系统分析，并形成对事实科学的认知。本书主要依托的文献平台包括中国知网、Taylor & Francis Online、Wiley Online Library、Elsevier Science Direct 等期刊数据库，其他公开出版的图书资料等，获取关于乡村、乡村性、乡村发展和乡村旅游等方面的现有研究成果，依托 CiteSpace 等相关文献分析软件，初步构建乡村发展路径的研究脉络，归纳总结相关领域研究现状、研究热点、研究难点，总结本研究

"城市—景区"双驱型乡村发展路径选择与形成机制

的核心和关键点,形成本研究的理论支撑实证研究的初步结果。此外,研究将基于文献分析,结合生产要素理论、区域空间结构理论、路径依赖理论等提出对"城市—景区"双驱型乡村发展路径的理论分析框架。

(2)个案研究—田野调查法

本研究将基于个案与田野调查相结合的方法进行深度案例研究。"个案"(case)是特定的经验实体,是相对于随机抽样而言的特殊样本,个案研究是从特定样本中发现其一般和特殊的特征,以在案例研究的基础上建构理论(Flick et al,2004)。本书采用个案研究的方法,选择北京市怀柔区紧邻慕田峪长城景区的"长城国际文化村"四个行政村作为特殊个案,从中提炼出符合理论解释的一般现象以及在特定语境下的特殊现象,以期对已有理论提出验证、补充和修正。

田野调查(fieldwork)源于人类学研究,但被社会学、地理学、旅游学等学科借鉴,成为人文社会科学领域搜集一手资料的重要方法,其中包括访谈(interview)、现场记录(field note)、观察(observation)与民族志(ethnography)等资料收集的方法和途径(Russell,2006)。本书基于个案研究采用田野调查方法以了解乡村内外部不同群体对乡村在城市化发展历程中的感受、认知和理解,发现镶嵌于乡村变迁过程与旅游情境脉络中的现代化意义,进而诠释乡村现代化的意义脉络、矛盾、冲突。

本书将选择北京怀柔区"长城国际文化村"为研究对象,对所涉及的慕田峪村、北沟村、田仙峪村和辛营村四个行政村进行个案研究和田野调查,采集案例对象的空间数据、文本资料和土地利用数据,并通过深度访谈采集深度案例资料,为研究的开展提供可靠的资料基础。

(3)"过程—事件"分析方法

"过程—事件"分析(process-event analysis)是我国社会学家孙

立平在研究国家制度转型和农民日常生活之间的关系提出的一种用于研究口述史的方法,强调在田野调查关注研究对象口中所述的事件的发生起因、过程和结果(淡卫军,2008),进而延伸为一种基于实践活动的社会研究策略和叙事方式。孙立平受到福柯、德勒兹、瓜塔里等学者的后结构主义思想的影响,批判结构主义的形而上学和简化主义的倾向,认为不存在"先验真理"(transcendental truth),人们的日常生活本身是非理性、非逻辑的,因而在研究过程中应关注微观层面的话语和叙事表达、日常生活实践和身体展演过程,世界是由不同的话语、实践关系所建构的"集合体"(assemble),社会主体间在具体的互动过程中的"情境性"和"场景性"是非常重要的,过程和事件相当于是历时性、动态性的情境与单元的关系,在彼此的互动之中能够找到更深层次的因果逻辑(孙立平,2001)。因此,"过程—事件"分析要求社会学研究不能基于静态的制度及其结构,而是观察其动态变化的过程,社会关系并不是存在于固有不变的"前结构"之中,而是处于不断变化的结构之中,并且在微观的实践层面发生变化和作用,"过程—事件"分析方法尝试超越从结构到结果的简单因果关系,而将过程看作是独立的重要的影响因素,从而挖掘在动态结构中复杂的因果关系(谢立中,2007)。实践性是"过程—事件"分析方法的要义,不仅要关注"自上而下"的制度变迁对不同情境、不同地方带来的影响,也不能忽视"自下而上"的日常生活实践的力量(孙立平,2002)。基于这样的方法论认识,本书尝试使用"过程—事件"分析方法,通过民族志记录分析乡村在发展过程中的重要事件,从而理解四个乡村不同的发展路径及其背后的因果逻辑关系。

本研究将基于实证调查数据的获取,对案例地乡村发展路径选择进行系统的梳理,并对其发展路径的影响因素与过程机制进行深度剖析。具体而言,本研究将采用"过程—事件"分析方法去分析乡村发展中的事件与过程,把握乡村发展过程中的要素结构与动态演化方式,为理论结论的揭示和建构提供基础。

(4)比较分析法

比较分析法是科学研究中常用的方法,Ragin 于 2014 年将社会科学中的比较分析法定义为将两个或以上的社会实体在不同的层面进行对比,以挖掘其相似性或差异性的特征,其中包括定量比较分析法和定性比较分析法。传统上,比较分析法被认为是定量的方法,因为当两个对象拥有了可比较的数值时,对比分析才具有意义,因此定量比较分析将比较对象归纳为不同的变量,突出其在数学和统计意义上的比较。随着交互效应模型的提出,定量统计的数据共线性问题使得定量比较分析法在解释复杂因果关系时具有较大的局限性,Ragin 从布尔代数和集合等知识中获得启示,提出了定性比较分析法,该方法在对比分析中强调案例的本质,通过比较案例的结构和研究具有可比性的案例,从而实现对多重因果关系的理解(阿克塞尔·马克斯 等,2015)。

本书将采用比较分析法,尤其是从定性分析的角度使用比较方法,分析四个村的发展路径及其发展过程的相似性和差异性,以挖掘其发展过程中的因果逻辑关系和规律,重点探索旅游资源依托型乡村现代化路径选择的影响因素与作用机制,进而探求乡村现代化的共同特征和一般规律。

第二章

理论基础与分析框架

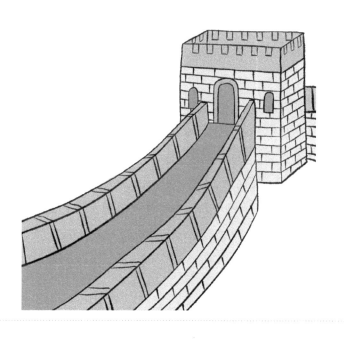

本章将对研究的核心议题和视角进行文献述评。根据本研究的选题背景和研究问题需要，乡村发展路径可分解为三个方面的观察视角："生产要素—结构视角"——涉及路径的基本条件和特征；"关系—行动视角"——涉及路径的行动主体及其相互作用；"发展视角"——涉及路径的干预因素和形成机制。本章从上述三个视角出发进行文献阅读和分析，由此确定了相应的理论领域。作者在认真研读文献的基础上，建构起本研究的理论分析框架，以服务于对案例地的具体分析和研究工作。

2.1 乡村发展路径研究进展

2.1.1 乡村发展相关研究进展

乡村发展已经成为国内外研究关注的重点命题，系统梳理乡村发展的既有研究成果，总结研究发展演替趋势，对于寻求新的研究突破点具有重要的意义（Ryser et al，2010）。本研究为了更加清晰地呈现乡村发展的研究脉络，采用可视化软件 CiteSpace 对乡村发展的现有研究成果进行梳理。对于国外研究文献的梳理，利用"Web of Science"核心数据库，将主题词设定为"rural development"，时间跨度设置为"1950—2019"进行文献搜索，在"精炼检索结果"菜单中，将文献类型限定为"Ariticle"，最终筛选出 4171 篇有效文献，总体发文数量呈上升趋势（图 2.1），2015 年以来文章数量增长明显。

第二章 理论基础与分析框架

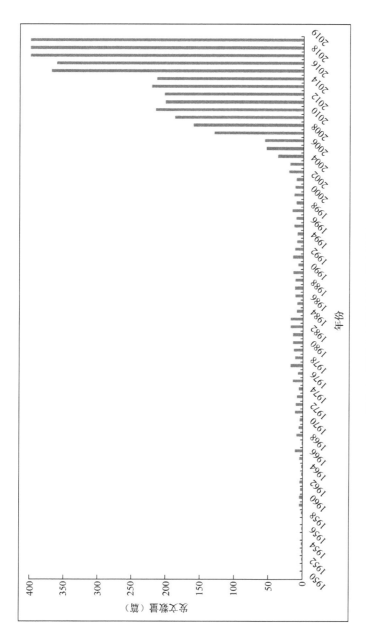

图 2.1 国外乡村发展研究发文数量

国外关于乡村发展的研究文献内容涉及广泛，研究选题主要集中于生计、多功能农业、社会流动、居民态度感知、土地利用转型等方面。通过 CiteSpace 软件对国外乡村发展研究的关键词进行聚类分析，如图 2.2 所示，关键词以节点表示，节点的图形越大表示这一关键词在以往研究中出现的频次越高。可以发现，可持续发展、乡村贫困、乡村旅游、乡村治理、社区、可持续、农业、移民、政策和健康等是国外研究的关键所在。

图 2.2　国外乡村发展研究的关键词

国内的研究成果则是通过中国知网（CNKI）数据库检索获得，将主题词设定为"乡村发展"，检索日期设定为 2019 年 12 月 25 日，时间跨度设置为"1992 年 5 月 31 日—2019 年 12 月 24 日"，并将文献类型限定为"核心期刊、CSSCI、CSCD"，最终获得 3361 篇文献作为有效数据。对乡村发展研究文献进行整体的数量和时间对应分析，结果如图 2.3 所示，文献的刊发数量总体呈现上升趋势，尤其是 2017 年以后增长迅猛，这与乡村振兴战略的提出密切相关。乡村发展历来受到研究者关注，作为乡村地理总体学科研究的热点，该研究命题地位日益凸显。

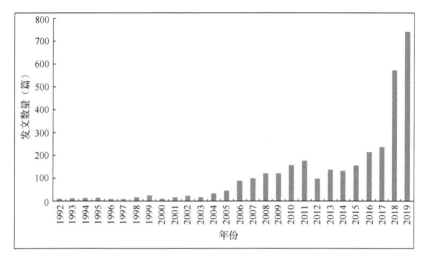

图 2.3　国内乡村发展研究发文数量

国内关于乡村发展的研究选题主要涉及土地整治、乡村重构、城镇化、新农村建设和乡村旅游等方面，从中可以看出乡村旅游已经成为乡村发展的重要途径和手段，也是国内选择关注的焦点所在。进一步通过 CiteSpace 软件对国内乡村发展研究的关键词进行聚类分析（本书关键词提取自原引文献），以关键词出现的频次作为衡量其重要性的首要指标。国内乡村发展研究的关键词聚类图如图 2.4 所示。分析可以发现，国内乡村发展研究的关键词主要包括乡村旅游、乡村振兴、乡村治理和乡村的可持续发展等。

对比分析国内外乡村发展的相关研究，由图 2.1 和图 2.3 可知，国内外关于乡村发展的研究关注度具有一致性，近年来都处于迅速增长阶段。国内外在研究选题方面都侧重于乡村旅游、乡村治理等内容。由图 2.2 和图 2.4 可知，乡村旅游、乡村的可持续发展问题是国内外乡村发展研究的焦点问题和关键所在。

"城市—景区"双驱型乡村发展路径选择与形成机制

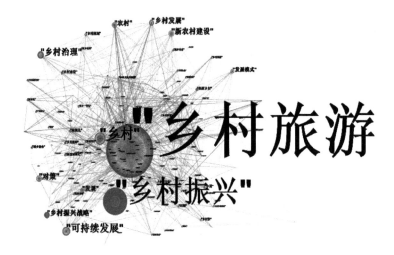

图2.4 国内乡村发展研究的关键词聚类图

2.1.2 乡村发展路径的相关研究进展

（1）国外乡村发展路径研究进展

乡村发展问题一直以来都是世界各国共同关注的焦点。乡村地域系统的复杂多样，其资源、环境、产业、人口、特色、功能和优势等存在巨大的差异性，因此产生了多元化的乡村发展路径。选择何种路径发展乡村已然成为学界和实践应用共同关注的热点问题。在国外，乡村发展路径探索与研究起步较早，积累了丰富的研究成果和实践经验，诸如美国的可持续乡村发展规划、德国的"村庄更新"、荷兰的"土地整理"、日本的"新村建设"、韩国的"新村运动"等。

在理论分析上，早期的研究将乡村视为城乡二元结构的对立存在，等同于"非城市地区"的空间地域形态，部分学者通过人口阈值（population threshold）、人口密度（density）、土地利用（land use）、不透水面层（impervious blanket）、地理距离（distance）为指标体系来界定乡村的地理界限（Ratcliffe et al, 2016），此时工业化、城市化为核心的乡村发展观念成为正统，乡村的发展路径往往是以城市化、工业化为中心，乡村本身的发展并不受重视，只是城市发展的附属甚至是牺牲品。随着城乡连续体概念的出现与发展，Rogers（1960）等学者逐渐认识到乡村不是均质的，是一个从城市到乡村的连续谱，由此学者们开始关注乡村本身以及乡村性，通过乡村性的深入剖析实现城乡之间的均衡发展成为理论探索的重点。学者们总结形成了一系列的乡村发展理论，如乡村增长中心发展理论、综合区域发展战略、"选择性空间封闭"的发展理论、地域区域发展理论和乡村社区发展理论等（王丽华 等，2006）。乡村增长中心理论强调了乡村发展商业化、市场化的路径选择，强调依托自下而上的发展政策，将乡村创造成为小城镇，联合多个乡村小城镇或小集镇形成"功能经济区"，最终演化成为"长中心"（李仁贵 等，1996）。乡村社区发展理论，由费里德曼（Friedmann，1973）与道格拉斯提出，具体而言，建立乡村社区网络，让乡村社区拥有实现自身发展的自主权利和经济资源，整合乡村基础设施建设、劳动密集型产业发展以及城市功能，将乡村发展成为城乡混合形式，从而实现乡村发展。并且，强调乡村的发展取决于选择性空间封闭、财富土地归集体所有、接近权力中心的机会均等化，试图建构一种整合城市发展与乡村社区经济发展（即两者平行发展）的路径。总而言之，国外乡村发展经历了工业化、城市化以及城乡均衡化一系列路径演变过程。

在实证应用上，前期国外乡村发展路径主要依托于农业，通过农业的现代化转型发展来促进乡村的发展，并且形成了三种典型模式，分别是以美国为代表的自然资源丰富型的现代农业；以日本为代表的自然资源短缺型的高价现代农业；以荷兰为代表的自然资源短缺型的效益农业（黄杉 等，2013）。后期，乡村旅游、休闲度假成为国外乡村发展的重要路径选择，利用乡村本身的文化和休闲氛围，形成了乡村旅游、乡村休闲、乡村度假和乡村民宿等多元发展路径。日本的乡村民宿成为亚洲乃至世界的典范，欧洲的乡村度假也是国内外借鉴和对标的重要经验。可见，国外乡村的发展路径从单一走向了多元，从农业走向了非农化，从传统走向了现代。

（2）中国乡村发展路径研究进展

在国内，伴随着乡村发展的进程，乡村发展路径也在不断变化，乡村发展路径的研究涉及地理学、政治学、社会学、经济学、环境学、历史学和人类学众多学科领域。实践中，伴随土地革命、土地改革、人民公社、家庭联产承包、城乡一体化的历史变革，乡村发展路径也对应做出了调整和决策选择，Chung（2013）指出，在城市化与现代化的进程中，中国的乡村发展提供了一种不同于西方经验的路径与模式。

在理论分析上，不同学者基于不同学科背景对此加以探索分析。其中，地理学背景的学者主要从空间视角出发，研究了乡村地域空间分异与结构优化；从转型视角出发明确了乡村发展的驱动机理；从功能视角阐明了乡村发展的分类与模式；从制度视角剖析乡村的管理制度与规划（李智 等，2017）。中华人民共和国成立以来，乡村在工业化、城市化语境下经历了从生产主义、后生产主义到多功能主义的发展演化（陈宏胜 等，2016；张英男 等，2019）。对于发展路径，有学者表明乡村发展应该基于乡村多功能进行发展，包括边缘化发展路径、城市区域发展路径、乡村旅游发展路径、居乡兼业发展路径和乡村绅士化发展路径等（房艳刚 等，2015）。曹智等（2019）基于乡村转型发展阶段规律提出了四大类乡村可持续发展路径，主要包括土地整治集聚发展路径、特色产业发展路径、产业平台集散发展路径和社区功能集约发展路径。除此之外，新时代背景下，特色小镇、田园综合体和民宿产业等新的乡村发展路径也应运而生。

在实证应用上,由于乡村发展存在综合性、差异性和动态性的特质,乡村发展路径在实践运用中尚未形成统一标准与系统模式。梳理现有研究成果和实践经验,可以发现,乡村发展路径主要包括但不限于以下几种:"纯"产品发展路径、工业化路径、城市化路径、技术推动路径、制度创新路径、乡村教育带动路径、农业产业化路径等(龚迎春,2014)。各地区根据自身异质性发展实践提炼出了相应发展路径模式,如苏南模式、温州模式、珠江三角洲模式、袁家村模式等,乡村发展路径的不同也构建出产业发展型、生态保护型、城郊集约型、社会综治型、文化传承型、渔业开发型、草原牧场型、环境整治型、休闲旅游型和高效农业型十大典型路径。

综上所述,乡村发展路径研究已成为国内外乡村研究的热点命题,理论构成丰富、研究方法多样,研究关注到了乡村发展路径的多元化,以及路径选择中城乡之间的互动关系和旅游之间的密切关联,但是,对乡村发展路径与城市、景区、旅游之间的多元、多层次、多方向互动交叉关系研究较少,特别是综合体现"人—地—时空"互动关系视角,以乡村发展为研究对象,深入揭示"城市—景区—乡村"互动关系和路径形成机制的理论、实证研究还相对匮乏。

2.1.3 城市对乡村发展路径影响研究

随着乡村社会向城市社会转型,农业经济逐渐向非农经济转型,城乡联系更加紧密,乡村的转型发展对城市的依赖性不断增强(李玉恒 等,2018)。而城郊型乡村旅游往往依托大城市的市场,距离成为农业旅游地选址的首要考虑因素(韩非 等,2010)。1966年,结合城乡之间的区位条件,Clawson 和 Knetsch 提出三个形成大城市郊区游憩地配置的圈层模式:空间指向地域、中间地域和资源指向地域。其中，空间指向地域主要是在城市修建城市公园和运动场；中间地域是指离城市较近的乡村，主要有田园公园、康乐公园等；资源指向地域是离城市较远的郊区，主要游憩地类型有森林公园、国家公园和特殊保护地等（王云才 等，2000）。王云才和郭焕成（2000）根据 Clawson 和 Knetsch 提出的圈层模式，结合北京郊区资源和空间结构特点，将其划分为三个圈层：（1）近郊区，最接近城市消费群体，以发展观光农业和体验农业为主；（2）中郊平原区，农业资源丰富，以发展农耕体验和农业教育为主；（3）远郊山区，自然景观资源丰富，以发展农村文化体验，自然风景观赏为主。

城乡交错带或城市郊区城乡联系较为紧密且城乡之间要素流动较为频繁的地域，有学者亦称之为半城市化地区（韩非 等，2011）。根据位于半城市化地区乡村聚落的特征，可将其转型发展路径分为城镇化整理型、迁建型和保留发展型。其中，城镇化整理型以非农产业为主，发展动因在于大城市的辐射和扩散效应，发展策略为城镇化改造及统筹城乡社会服务体系；迁建型以一产为主，但受生态环境限制，近期应控制蔓延，远期实施搬迁；保留发展型以一产为主，发展动因在于自上而下的乡村城镇化，发展策略为发展直农产业、加强基础设施建设（韩非 等，2011）。在快速城镇化进程中，城市郊区和乡村的土地利用越发多元化。近城市郊区的自然区位有益于乡村旅游发展，产业转型的诱因和政府政策的驱动促使乡村土地利用功能的转型，随着乡村土地利用的转变和城市人口的涌入，乡村主体也进一步发展变化，由此影响乡村发展路径的转型（朱琳 等，2019）。从居民感知的角度对城市近郊乡村旅游影响的研究中，可得出城市近郊乡村旅游发展应优化利益分配机制，增强居民地方感，提升居民技能，旅游发展要与环境保护并行（张欣然，2016）。

臧玉珠等（2019）重点阐述了以"三整合"为标志的城市郊区乡

村发展路径，即空间重构是乡村转型发展的物质载体；产业重塑是乡村转型发展的根本动力；组织重建是乡村转型发展的重要保障。城乡融合发展也有利于乡村旅游的发展。崔勇前（2018）指出，城乡融合视角下乡村旅游发展路径在于政府指导、产业融合、文化资源和互动交流。谷晓坤等（2019）的研究表明依托城市的乡村具备满足城市居民各种需要的功能或潜力，如提供农产品和食品等。

学者们也逐渐关注到城市依托型乡村发展过程中存在着对城市资本的依赖、对乡村环境资源的依赖，以及因这些依赖而形成的乡村环境治理等问题。

首先是关于资本下乡的讨论，资本下乡指的是工业、商业资本进入乡村地域并从事农业生产，使乡村土地利用类型发生重构的过程（周立，2018）。资本下乡的过程是多主体的博弈过程，政府、企业和村民三者不断协调，其中政府与企业之间是权力和资本的共谋，一方面工商资本以利益谋求为主导，即实现资本的循环再生，另一方面政府作为权力方则对其采取着有效的控制与约束（张良，2016）。而在资本下乡过程中备受关注的是对村民利益的影响，资本下乡带来的工商业发展对乡村社会起着显著的建构作用，大规模的工业、商业扩张势必需要更多的土地，同时也冲击着原本的农业经济形态，这对村民利益产生直接的影响。目前，国内有不少研究关注资本下乡中关于乡村利益的保障机制，从乡村共治体系的建立以期实现资本和村民的合作共赢（陈晓燕 等，2019）。同时，国外学者关注到资本下乡后对临时员工的招募，从而对乡村社会的就业产生影响（Ewert et al，2005；Addison，2014），在劳动力市场方面的变化亦是工商业资本入驻后需要关注的。因此，实现资本的有序下乡则需要解决政府—企业—村民三者的矛盾，尤其是资本与村民的利益关系这一矛盾。

其次，乡村地域对外部城市资本和内部环境资源的依赖也是急需破除的重要方面。乡村地域作为较为落后的聚落形态，相较于城市地域缺乏资金与技术，随着近年来城市发展的不断扩展，城市资本越来越多地向乡村地区输送。基于此，乡村对城市资本的依赖也在逐渐增强。反观自身，对环境资源的依赖也成为乡村地域的另一问题。如何摆脱对城市资本的过度依赖和避免消耗式的发展成为乡村实现可持续发展过程中不可绕过的问题。目前，国内许多学科都开始关注路径依赖所产生的影响，也试图破除资本、环境资源依赖，寻求新的路径。例如，有研究通过对新疆阿勒泰地区富农牧户自然资源依赖度及其影响因素的测量，以找出环境依赖的关键要素，从而为乡村地域的可持续发展提供可行路径与建议（任真 等，2019）；亦有研究关注四川省大熊猫栖息地周边社区对自然资源的依赖度及其影响因素，以期引导和帮助当地村民实现经济来源的多样化，降低栖息地的资源压力（秦青 等，2017）；此外，还有研究关注城市资本依赖产生的根源，以期破除资本依赖的咒语（赵领娣 等，2016）。国外有学者提出行政举措在城市资本依赖与资源依赖破除中的影响作用，从而改变地区的发展模式（Boies et al，2002）。

最后，在农业为主导发展的乡村经济形态下乡村环境生态的治理是值得关注的问题，同时在资本下乡的过程中也势必对乡村自然环境造成影响。乡村自然环境因其有限的承载力与不足的治理能力，使得乡村环境存在敏感性。目前，我国乡村地区的环境治理问题主要是在种植过程中大量使用化肥、农药和农膜，污水处理率较低和生活垃圾处理不当，三大类问题成为乡村环境治理的主攻方向（孙钰 等，2019）。针对乡村地域的环境治理，不少学者做出了相应的探讨，例如胡志平和庄海伟（2019）提出以社会资本为重要基础参与到乡村治理的过程中，完善乡村环境治理的制度建设和价值建设，实现社会资本内生效用；戚晓明（2019）则从乡村振兴的视角，主张以行政为主导来开展乡村环境的治理；此外，唐建兵（2015）则发现乡村精英在乡村环境治理过程中对营造社会环境和建立管理体系有着重要作用。

2.1.4 景区对乡村发展路径影响研究

随着旅游整体的发展兴盛，景区的开发与利用层出不穷。尤其是诸多著名景区吸引了大量游客涌入，甚至出现了景区严重超载的境况。在此背景下，景区周边的村落逐渐成为游客分流的承载地，随之也带动了其旅游的逐渐兴起。学者们也逐渐关注到景区对乡村发展的辐射力量，并衍生出景区边缘型乡村（李伯华 等，2014）、景区依托型乡村（张雄一 等，2016）、景区带动型乡村（宋慧娟 等，2018）等一系列概念。这些概念尽管表述并不完全一致，但是都阐释了景区对乡村的作用力。这种类型的乡村多数处于景区的内部或周边地带，其自身的发展往往依靠景区的客源，具有较为明显的景区依附性、客源共享、资源与产品互补的特征（孙瑶 等，2016）。王祖良等（2011）表明乡村与景区的密切关系促使村民参与乡村发展，并成为实现景区与乡村发展双赢的重要因素。

景区与乡村发展的互动，大致可以划分为两种类型：一种是乡村为景区游客提供旅游配套服务，如食宿，乡村的发展模式是注重融入周边景区，为游客创造更优化的旅游环境；另一种是乡村发展在景区发展带动下成为独立的旅游目的地，其发展模式是与景区合作，并创建自身旅游品牌，拓展客源市场，实现发展模式的旅游化转型（孙枫等，2017）。关于景区对乡村发展的影响和作用，孙瑶等（2016）通过实证案例分析表明，乡村功能更新其实质是对景区功能的完善，具体而言，对接景区辐射影响，乡村往往会进行物质空间更新，如街巷空间更新和滨水界面更新，而乡村自身的更新发展实质是回应了景区空间的渗透和环境质量的提升。

魏超等（2018）通过研究表明，处于景区辐射影响下的乡村，往往会通过多重引资方式促进乡村开发，充分利用景区旅游消费，整合乡村要素，促进乡村自身的发展。黄凯丽（2019）认为乡村发展与景区的互动过程应该打造"景村一体化"的建设模式，并建立公平的补偿和分配机制，构建高附加值乡村旅游产业环节和旅游扶贫的长效机制。景区的发展为乡村提供了成熟稳定的客源市场，能够促进乡村资源转化与长远升级，为开发乡村资源和实现乡村可持续发展提供了原动力，借助景区的市场，实现造血式的发展路径。

景区对乡村发展的影响过程避不开一个关键的问题：如何协调景区与乡村之间的关系，促进二者的共同发展。这一问题也是国内外相关研究所密切关注的。国内外有不少学者关注这一协商过程，相关的研究借鉴资料也相对丰硕。国外的相关研究表明，景区旅游开发为景区周边的乡村发展带来了充足的资本和技术，促使乡村地区完成现代化与再生性，乡村发展在很大程度上被注入了动力。同时，乡村也面临着许多新的挑战，游客进入乡村、乡村旅游化开发，市场利益的驱动时常导致乡村环境生态被忽视、乡村本土文化流失、乡村地方原真性破坏等问题，为乡村的发展带来不可持续性的难题。

相比国外的研究，国内关于景区开发与乡村发展的讨论相对较晚，直到改革开放之后，随着乡村空间自由度和旅游业态的蓬勃发展，相关的研究才逐步发展起来，并侧重关注乡村文化、旅游开发模式和多主体参与协商等方面，其中也反映出对西方乡村发展的借鉴。在景区作用于乡村发展的过程中，乡村从景区客流分散、旅游接待的功能逐渐开始向独立的、完善的乡村度假休闲功能转变，这一变化势必导致乡村发展的积极响应，进一步促进乡村发展与景区之间的良性、有效互动。

总而言之，景区对乡村发展的影响是多途径、多内容和多结果的。景区为乡村发展注入了驱动力，也在乡村建设过程中扮演着重要角色，同时也作用于乡村文化生态包括乡村价值理念、共同行为规范与生活秩序等多方面，但乡村也暴露出对景区项目参与性不强、利益分配不公、管理滞后、恶性竞争现象严重和景点生命周期较短等问题。在此过程中，乡村的发展并不局限于内部，涉及更加多元、复杂的关系网络，乡村的发展也被放置于乡村与景区的关系网络中，乡村的治理与管理也涉及乡村、景区管理与游客多元群体。充分利用景区赋予乡村发展的机遇，应对相应的挑战和难题，全方位地、辩证地思考景区的作用与影响，推进景区与乡村良性互动，实现"景村"的可持续发展，是实践与理论需要关注并加以探索的要点。

2.1.5 乡村发展路径研究总体述评

乡村发展路径已经成为重要的研究领域，依托城市发展和景区开发来推动乡村的发展变迁已经成为重要的实践方向和案例研究对象。但是，乡村发展路径的依托案例仍然呈现出局限性，乡村发展路径的相关理论研究还存在明显的创新空间。这主要表现在以下方面。

第一，乡村发展路径呈现出丰富的实践形式和案例成果，但是基于长期的跟踪考察来探索乡村发展路径动态的研究还较为少见。乡村发展已经成为国内外持续关注的热点。伴随着乡村发展的进程，乡村发展路径也在不断变化，乡村发展路径也逐渐成为理论和实践关注的热点所在，国内外学者总结出了多元化的乡村发展路径和模式（Ratcliffe et al, 2016；曹智 等, 2019）。经过理论和实践的反复探索，乡村发展已经转向（从村民主体出发、以激活内部活力的发展为方向），乡村发展路径也逐步转变为根据乡村的实际情况动态调整的路径（Chung，2013）。在具体的实践形式上，乡村旅游已经成为国内外乡村发展的重要途径，并呈现出蓬勃发展的势头（黄凯丽，2019）。但是无论是国内还是国外，乡村发展路径的研究都侧重于静态化的模式总结、影响要素梳理，缺乏持续的、长时间的乡村发展路径选择的实例追踪研究，这是本研究拟弥补的空缺方向。

第二，城市与景区发展对乡村发展的作用备受学界重视，但是基于城市和景区双重驱动视角进行集成研究的成果较为少见。乡村与城市之间、乡村与景区之间的要素流动与集聚会导致乡村在经济、社会、资源环境等方面的变化（Li，2012；李玉恒 等，2018）。旅游业也成为推动城市和景区外围乡村发展的重要动力（喻忠磊 等，2013）。在这种背景下，学者们开始从乡村发展的驱动力、乡村的地理位置关注乡村发展的类型，从而形成了如"城市型乡村""近郊型乡村""景郊型乡村""旅游驱动型乡村""景区带动型乡村"等概念。国内学者吴国清将"城市型乡村"界定为是分布在城市周边地区及其郊区，以自身独特的自然或人文资源为依托，促进自身发展的乡村形式，具体包括农业型、度假型、文化型和生态型等（吴国清，2008；杨佳，2013）。也有学者综合以往对"城市型乡村"的定义，表明"城市型乡村"指的是基于"城市"这一背景条件下，城市行政管辖范围内除中心城区以外的一切区域，这一区域往往被称为郊区，具有典型的现代城市向乡村过渡的特征，是城市地域结构的重要组成单元，这一区域还是城市发展最为活跃、演变最为剧烈的地区，反映了城市的成长及可能的演化方向（杨佳，2013）。"景区带动型乡村"则是指在著名景区的示范效应和带动作用下，依托景区的客源和乡村特有资源相结合发展的乡村（聂付娇，2018）。景区与乡村相辅相成、共同发展。应该看到，乡村旅游所提供的旅游产品不同于景区产品，一方面乡村的发展依靠景区的发展带动自身发展，另一方面乡村也为景区游客的需求进行对接。可见，城市溢出和景区辐射在乡村发展中的作用机制已经引起学界的高度关注，相关的成果也较为丰富。但是，**学界对城乡关系和景村关系多重交叉互动中的乡村发展还缺乏案例研究，对于"城市—景区"驱动型乡村发展路径的选择及其形成机制缺乏探索，这是本研究拟重点探索的议题。**

第三，**乡村的线性发展过程形成了丰富的理论成果，但是对多元路径动态演化和优化选择的案例成果较为少见。**既往的研究成果分别关注到了城市力量和旅游发展力量对乡村发展的线性作用和影响。在实践中，有不少乡村的空间位置同时靠近城市和景区，城市力量和景区建设发展都对乡村发展具有重要的干预作用。对处于"城市—景区"双驱型背景下的乡村而言，城市和景区两种力量都介入了乡村的发展过程，无论是城市要素还是景区发展，都对乡村发展路径的选择有着重要的影响，城市和景区都能够为乡村的发展提供不同的便利和优势，甚至出现力量的比较和抗衡，正是比较优势的形成决定了乡村自身要素禀赋结构的变化，改变着乡村发展的方向和路径，在不断地调整发展路径的选择中，最终指向乡村的发展。不同优势的比较，其实就是竞争的基本原则（刘朝旭，2016），而竞争是市场经济运行的重要机制。可见，"城市—景区"双驱型乡村已成为乡村发展中的重要实践形式，但是既有的研究对"城市—景区"双驱型乡村的形成机制和路径模式缺乏探索，相关的理论成果也较为缺乏，这是有待弥补的研究方向。

因此，为了弥补上述研究的局限与空白，本研究将对"长城国际文化村"的四个行政村进行深度案例研究，对案例对象的非动态性发展过程进行比较分析，为乡村发展路径研究提供新的案例实证样本和理论视角。

2.2 相关理论基础研究

2.2.1 生产要素理论与乡村发展研究

（1）发展历程

生产要素理论是经济学研究领域的基本理论，从概念的提出到形成系统的理论，生产要素主要经历如下发展演进历程。生产要素的概念最早在17世纪由英国经济学家配第（Petty）提及，"土地为财富之母，而劳动则为财富之父和能动的要素"（配第，1981），即生产要素主要包括土地和劳动。法国经济学家理查德·坎蒂隆在此观点的基础上，在其论著《商业性质概论》中补充论述"土地是所有财富由以产生的源泉或质料。人的劳动是生产它的形式；财富自身不是别的，只是维持生活，方便生活和使生活富裕的资料"（坎蒂隆，1986）。奥地利经济学家庞巴维克在其论著《资本实证论》中提及"生产的真正要素是自然和劳动"（庞巴维克，1964）。学者们后来将上述学者的观点界定为"生产要素二元论"的观点。

此后，经济学家亚当·斯密、萨伊、西尼尔、约翰·穆勒等学者纷纷提出"生产要素三元论"，尽管彼此所阐述的"三要素"不尽相同，如亚当·斯密和约翰·穆勒认为生产要素包括"土地、劳动和资本"；萨伊在其著作《政治经济学概论》中提到"事实已经证明，所生产出来的价值，都是归因于劳动、资本和自然力这三者的作用和协力，其中以能耕种的土地为最重要因素但不是唯一因素"，也即生产要素包括劳动、资本和自然力（萨伊，2009）。西尼尔将生产要素归总为劳动、自然要素和资本。生产三要素虽然并未达成一致，但"三要素说"在历史上长时间占据主导地位。

19世纪末20世纪初，经济学家马歇尔在肯定"三要素说"的基础上，在其经典著作《经济学原理》中论述到"生产要素通常分为土地、劳动、资本与组织，即"生产要素四元论"。土地是指大自然为了帮助人类，在陆地、海上、空气、光和热各方面所赠予的物质和力量。劳动是指人类的经济工作——不论是用手的还是用脑的。资本是指为了生产物质货物，和为了获取通常被算作收入一部分的利益而储备的一切设备。组织是将前三种要素组合使用的途径"。20世纪初，加尔布雷斯表明生产要素的构成与时代背景密切相关，随着时代和技术高速发展，技术已经成为生产要素的重要构成，促使"生产要素五元论"的呈现。国内学者在20世纪80年代，进一步提出了"生产要素六元论"，不同学者对六要素的说法不同，有的学者认为六要素包括人力、资产力、物力、运力、自然力和时力（图2.5）（徐寿波，2006），也有学者认为劳动、土地、资本、组织、技术和信息是生产的六要素（芦琳娜，2013）。

生产要素从"二元论"到"六元论"，实际表明了生产要素是变化和多样的，而且生产要素构成的发展变化是与社会发展、社会经济关系密切相关的。新要素、新内容的增加，是源于生产力的发展演进，同样的，生产要素的发展变化，会进一步推动社会生产力以及社会经济的发展演变。生产要素的演变历程，也启示我们处在不同发展阶段的区域，影响自身发展的主导要素不同。

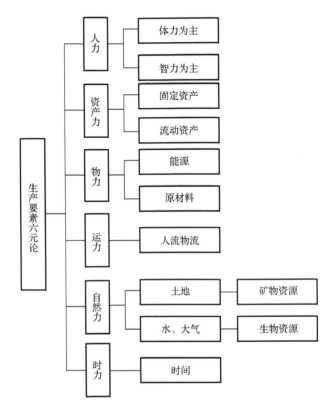

图2.5 生产要素六元论示意图

（2）核心概念

① 生产要素

生产要素（factors of production）的概念在经济学领域中被明确界定为进行生产和服务活动所要投入的各种经济资源。《辞海》将生产要素定义为"指可用于生产的社会资源，一般包括土地、劳动和资金（资本），有时也包括企业家的才能"。《简明不列颠百科全书》将生产要素解释为"生产要素指用于商品和劳务生产的经济资源"。尽管上述三种表述并非完全一致，但是可以发现，生产要素基本是被界定为资源。有学者从资源的概念出发，定义了狭义和广义两种不同的生产要素概念。狭义的生产要素是指商品和劳务生产所必须具备的最基本物质资源（徐斌 等，2006）。值得注意的是，狭义的生产要素的前提是"必须具备"和"最基本的物质资源"，"必须具备"很好理解，"最基本的物质资源"强调了资源的类型；而广义的生产要素是指所有生产系统的组成要素（徐斌 等，2006），这里的要素既可以是物质资源，也可以是非物质资源，如经济资源和社会资源等。

② 要素禀赋

要素禀赋（factor endowment）的概念从要素延伸而来，由于要素概念本身的复杂性，目前对要素禀赋的概念尚未达成共识，不同学科领域进行了不同的阐释。地理学领域强调引起区域差异的原因很多，但要素禀赋的差异始终是一个重要的根本性原因（张伟 等，2010），并表明要素禀赋是区域经济的基础，区域经济的空间分异从根本上而言就是要素的分异（李敏纳 等，2011）。经济学领域认为，要素禀赋是经济体拥有的各种生产要素的构成及在此基础上所形成的一种比较优势。国内学者认为，要素实际上就是经济的影响因素，要素禀赋就是区域或空间单元内要素的存有状况（王建廷，2007；李敏纳 等，2011）。有学者综合前人的研究成果，对要素禀赋进行系统、定量化的测度，并明确指出区域发展的要素禀赋分析主要包括以下六种要素，即自然、人力资源、物资资本、科技、结构和制度（李敏纳 等，2011），具体定量测度指标体系如表 2.1 所示。

表 2.1 要素禀赋定量测度指标体系

要素禀赋类别	一级测度指标	二级测度指标
自然禀赋	自然条件	平均海拔高度、地表起伏指数
		年平均气温
		年日照时数、年降水量、河流密度
	耕地资源	人均耕地面积
	矿产资源	采掘业从业人员密度

续表

要素禀赋类别	一级测度指标	二级测度指标
人力资源禀赋	劳动力投入量	年均从业人员数
	人力资本水平	人均人力资本存量
物资资本禀赋	物资资本水平	人均固定资本存量
科技禀赋	科技发展水平	万人科研和技术服务业职工数
结构禀赋	产业结构	非农产业GDP比重
制度禀赋	对国外开放度	进出口总额占GDP的比重
	政府退市程度	地方财政支出占GDP的比重
	对国内开放度	与邻近地区的市场整合程度
	经济民营化程度	非公有制单位职工数占职工总数的比重

③ 生产要素流动

生产要素的分布不可能是均衡的，因此赋予了生产要素时空流动的特征。事实上，生产要素流动的结果并不能够实现要素在空间层面的均匀分布，往往会导致生产要素在某一区域的集聚。因而，生产要素流动被界定为通过区域内经济单元的最优组合，以最小的资源代价以实现最优的目标（张辽，2013）。近年来，学者逐渐关注到城乡一体化和协调发展是以城乡之间的要素交换、合理流动和优化配置为前提条件的（张泓 等，2007）。在城市群城乡一体化空间组织过程中，技术、资金、人才和信息等生产要素的集聚与扩散往往导致多重城乡作用关系，要素的集聚与扩散动态变化，并在动态演化过程中促使城乡关系不断演进（贺艳华 等，2017）。生产要素流动贯穿于城乡互动的全过程，也是城乡融合发展的核心所在。在此基础上，有学者提出了基于要素流动的城乡融合分析框架，如图2.6所示（刘春芳 等，2018）。

（3）引入目的

生产要素研究反映了乡村发展过程中的主导要素、要素禀赋和要素流动等引起乡村社会经济结构的巨大变化,而且乡村振兴实质上是乡村地域系统要素重组、空间重构、功能提升的系统性过程(刘彦随等,2019)。乡村发展路径,是在时空情境下,乡村各种生产要素集聚或扩散所形成的发展路径和方式。生产要素作为乡村发展建设的经济基础,生产要素集聚或扩散的差异化,是乡村发展路径选择的基础和逻辑主线,也是乡村发展路径差异化的"外显"方式,因此乡村发展路径的动态分析,是对其区域内生产要素的禀赋、流动和更迭进行溯源与分析,是乡村发展路径演化现象的本质回归。

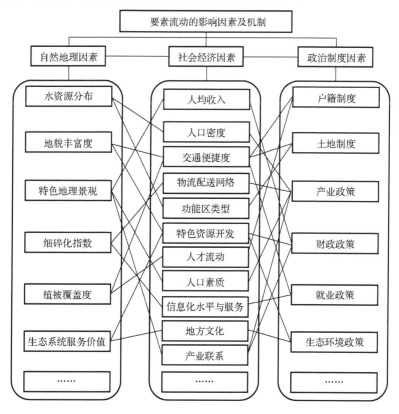

图2.6　基于要素流动的城乡融合分析框架

2.2.2 区域空间结构理论与乡村发展研究

（1）发展历程

空间结构（spatial structure）理论是由区位理论发展而来，甚至被界定为是动态的、综合的、整体性的区位理论（陆大道，1995）。杜能、韦伯、克里斯塔勒、廖什等人分别论述了"农业区位""工业区位""城市区位"和"市场区位"，尽管他们探索区位的侧重点不同，但是他们都共同假设了区域内不存在自然条件的差异，是均质化的（聂华林 等，2008）。20世纪50年代，美国学者达恩（Dunn）于1956年提出了"经济区位阶段论"，试图论述经济活动区位结构，认为区位问题可以分为企业阶段、产业阶段及社会经济总阶段；奥托伦巴（Otremba）在1953年提出了"农业经济结构空间统一体"，认为经济形态和经营形态都投射于地球表面，必然产生经济结构的空间统一体（刀祝威，2000）。经济区位结构、农业经济结构空间统一体都是空间结构概念的雏形，逐步将区位从静态、均质状态中脱离。真正系统论述空间结构的是原联邦德国学者博芬特尔（Boventer），他把杜能、韦伯、克里斯塔勒、廖什等人提出的区位论整合起来，提出了"空间结构阶段论"，详细分析了决定空间结构及其差异的最主要的因素在于集聚、经济对当地生产要素土地的依赖性，这些因素的相互作用便决定了空间结构的特征，空间中同类性质的客体往往存在着竞争关系。空间结构囊括的内容十分丰富和宽泛，是整体化、综合性和动态变化的。20世纪80年代以来，空间结构成为国内外学者研究的热点所在，并形成了相应的理论体系（图2.7）。

本研究依据研究问题、研究内容的需要，主要对如下相关区域空间结构理论加以阐述。

① 极化理论（又称增长极理论）（growth pole theory）

"增长极"这一概念最初是由法国经济学家佩鲁（F. Perroux）在1950年提出的，他认为增长往往会先在增长极或者增长点出现，并逐步外延扩散，地域产业的集聚是极化的内在要素。1957年，法国地理学家布德维尔（J. Boudeville）等人将增长极概念引入地理学中，并进一步提出了"增长中心"的概念，他认为增长极就是在城市区域中能够引导区域经济发展的工业综合体。

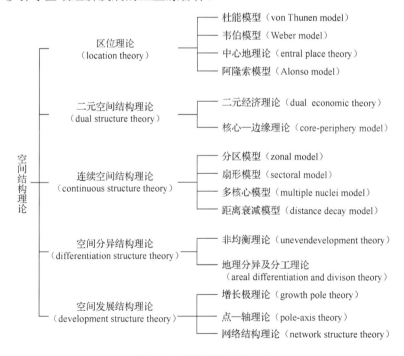

图 2.7 空间结构理论体系

资料来源：根据参考文献绘制（陈睿，2007）

增长极的形成，一方面会带动区域经济的增长，另一方面会扩展区域空间发展的不平衡。区域空间的人口、劳动力、技术、资金等要素向增长极中心聚集，但是同时会剥夺增长极周边区域发展的资源与机会,这便是缪尔达尔(Karl Gunnar Myrdal)所提出和定义的"回流效应"(金刚 等,2015)。缪尔达尔表明,区域空间的增长极内外部共同发展巩固和强化其在区域发展的中心地位,增长极或增长中心的快速发展又会通过提供就业机会、技术改进等带动周边区域发展,这是增长极在区域空间中的正向效应或扩散效应。扩散是从中心向外围蔓延,而极化往往是从周围向中心聚合,二者的方向完全相反。不管是方向扩散还是极化,都强调了区域经济的空间演变过程。

② 点—轴理论

点—轴理论由我国学者陆大道基于中心地理论所提出,这一理论指出社会经济活动通过空间上的集聚或扩散,最终形成相互联系、相互作用的空间结构体系,具体而言是指要素在点的集聚,同时通过基础设施在轴上链接,简单而言就是从点上发展,带动周边区域的发展(陆大道,1986)。随着点轴渐进扩散,使得生产力要素在区域空间内高效配置,进而优化区域空间结构,推动社会经济均衡化发展。从本质上而言,空间结构理论的核心就是区域范围经济以非均衡路径实现均衡化发展的结果,即发挥轴线的扩散效应,带动落后区域发展,实现发展差距"倒 U"型演变,最终实现空间均衡发展(邓元慧,2015)。

(2)核心概念

《人文地理学词典》将空间结构定义为"社会和自然现象在空间上的组织,涉及社会和自然运行过程和结果的模式"(约翰斯顿,2004)。国外地理学对空间结构的定义经历了空间形态决定论、空间结构边际论、空间结构联系论的更迭过程。空间形态决定论主要是从几何或者形态学法则将空间结构视为数学空间的抽象序列;空间结构边际论认为空间结构是附带现象或人类社会的一种"反映",同时空间结构的生产和再生产过程也是独立的,不考虑社会和主体之间会通过空间发生关系；空间结构联系论认为空间结构既是人类主体和社会之间发生联系的纽带和结果，同时也深刻制约着主体和社会之间的联系（陈睿，2007）。

国内学者认为空间结构实际上就是社会经济客体空间集聚程度和形态，强调了社会经济活动与区位、地域空间的相互关系（陈雯 等，2015；庞玉萍，2013）；"点、线、面"是描述空间结构及其分类体系的基础，由于要素表现和组合方式不同，存在极核式、点轴状、网络化等多种空间结构模式（陈雯 等，2015）。此外，江曼琦（2001）认为，空间结构是区域内部经济结构、产业结构、人口结构、社会结构等结构形态的基础结构，而空间结构本身由不同的功能区组成并形成相应的空间图式。国内学者何伟在前人的研究基础上，归纳总结并提出空间结构具有三维性、区域性、整体性、系统性和演化性等属性特征（何伟，2002）。也有学者强调空间结构指向特定区域范围的空间组织形式，包括经济活动的空间分异、空间构成的规模等级、空间内外要素作用形式。不管空间结构定义如何，但是不可否认空间结构回应了诸多要素在空间中结合、发展和运动的方式，因而空间结构是经济活动的空间投影，是区域发展状态的显示器（陆大道，1985）。

空间结构往往处于特定区域内，空间结构在地理学上又被称作区域空间结构，区域空间结构在区域经济学领域又被称作区域经济空间结构。区域空间结构是区域发展状态的显示器（陆大道，1985），是社会经济客体在空间中的相互作用、空间位置关系及所形成的空间集聚程度、集聚形态和疏密关系，其所涵盖的内容相当全面，包括区域间社会经济发展不平衡问题、社会经济空间组织的构架或脉络、最佳企业或城市规模和中心地等级体系、城郊土地利用空间结构、空间相互作用、空间结构的演变等（陆大道，1988；李国平 等，2012）。区域空间结构并非简单的、静态的空间结构,而是强调了空间发展演化的动态过程和规律,强调了一定地域范围内要素的空间分布,以及经济、区域、空间之间的复杂关系。

(3) 引入目的

区域空间结构是区域发展状态的显示器,是历史发展的函数,有学者明确指出区域空间结构理论可为城乡融合和乡村振兴的空间实施路径提供清晰逻辑(何仁伟,2018)。随着可持续发展理念的贯彻,空间结构变化正从经济一维沿着社会、经济和环境三维空间延伸(图2.8),在城乡融合和乡村振兴的背景下,空间结构优化有助于推动城乡发展实现三维动态均衡(陆大道,1995)。此外,空间结构其实如同其他生产要素一样,也是促进或阻碍着社会经济发展的一种生产要素,会导致区域经济或者发展的差异(庞玉萍,2013)。生产要素的集聚与扩散是乡村的发展演化的动力过程,那么区域空间结构就是乡村发展的结果显示,同时乡村空间结构要素的配置和作用发挥,往往会影响乡村发展的模式和路径,也会影响乡村与不同区域之间的关系。区域空间结构理论的引入,便于对乡村发展路径探究进行系统、整体和动态的考量,也为调整和优化乡村区域差异,推动乡村与乡村、乡村与城市之间协调发展提供参考(图2.9)。

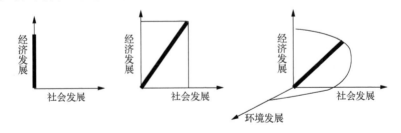

图 2.8 空间结构发展趋势

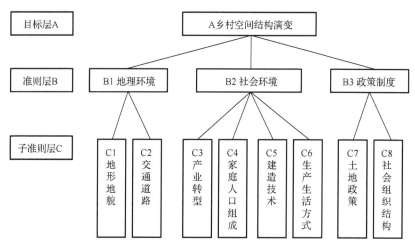

图 2.9　乡村空间结构演变的层次结构模型

资料来源：根据参考文献绘制（刘静萍 等，2019）

2.2.3　路径依赖理论与乡村发展研究

（1）发展历程

路径依赖（path dependence）概念最早是由美国古生物学家 Eldredge 和 Gould 于 1972 年提出的，其主要讨论的是物种进化过程中所采用的路径模式，直到 1985 年美国经济史学家 David 首先将路径依赖概念引入社会科学领域，并将其用于研究技术演变的相关问题（尹贻梅 等，2012），而后道格拉斯·C.诺斯（又译"诺思"）等经济史学家将这一来自技术变迁的理论发展为新制度经济学中有关制度变迁的主要理论。而路径依赖理论的兴起与 20 世纪 80 年代以来整个社会科学界出现的"历史转向"（history turn）紧密相关，许多研究开始围绕经济、制度和文化等社会因素，同时这些因素成为研究深入探析事件逻辑的重要考量。经 Arthur 和 North 等学者的开拓与发展，路径依赖逐渐成为理解历史意义的关键概念，与路径依赖相关的文献也

"城市—景区"双驱型乡村发展路径选择与形成机制

呈现出迅速增长的态势。20世纪90年代以来,路径依赖概念被广泛应用于社会学和政治学等社会科学的研究领域,近年来,心理学和地理学等学科也逐渐引入路径依赖的概念,尤其是认知心理学和经济地理学(Garud et al,1994)。国内关于路径依赖的相关研究主要集中于经济学、社会学等社会科学,就地理学的相关研究而言,主要分布于经济地理、旅游发展等方面,下面对这两个部分展开讨论。经济地理,顾名思义就是研究经济活动的区位、空间组织及其与地理环境的相互关系,在此基础上的路径依赖同样备受经济地理的关注,尤其是演化经济地理学。近年来,将路径依赖引入经济地理学的研究不断涌现,包括以路径依赖理论讨论区域经济结构的演化、区域产业的发展演变等问题。

1988年,Arthur提出导致一种技术比另一种技术具有竞争优势的"自增强"机制,便会导致路径依赖结果,路径依赖是指早先的市场分配历史——一部分是微小事件和偶然事件的结果——决定了哪个解优先。1994年,North将上述二者有关技术演变中的路径依赖的研究推广到制度变迁中,提出路径依赖就是制度框架使各种选择定型并约束可能被锁定的制度路径的事实。也就是说,路径依赖是指制度框架使各种选择定型并约束可能被锁定的制度路径的情况(刘汉民,2003)。North将制度变迁对路径依赖的诠释逐渐引入中国的研究中,并日益成为研究的热点所在,但是由于研究视角不同,对路径依赖的理解并不完全一致。路径依赖意指现状往往是既往结果的延续,也就是说现在的结果并不是与过往历史割裂存在的(刘汉民,2010)。尹贻梅等(2012)指出路径依赖主要是指经济、社会或技术等系统一旦进入某个路径,就会在惯性的作用下不断自增强,并且锁定在这一特定路径上的现象。

尽管对路径依赖的界定和解释呈现出多元化，但是学者们对路径依赖也存在一定程度上的共识，如路径依赖既是一种状态，也是一种过程；路径依赖强调了时间的"滞后"效应；路径依赖和独立性（independence）并不是相互对立存在的，而是并行共存的；路径依赖最终的均衡结果是由特定历史事件决定的（刘汉民，2010）。也有学者对此总结成为路径依赖三大特征：一是路径依赖既是一种"锁定"状态，也是一种随机动态过程（周思悦 等，2019）；二是路径依赖是对因果过程的研究，偶然性历史事件对系统发展的轨迹具有影响作用；三是路径依赖强调系统变迁中的时间因素和历史的"滞后"作用（尹贻梅 等，2012）。

具体到乡村或乡村旅游的研究领域中，国内学者已经将路径依赖理论引入乡村旅游发展研究中，分析乡村旅游产业发展路径依赖及其影响因素。为寻求旅游发展影响乡村变迁的解释，张骁鸣等（2009）依据旅游地生命周期理论和路径依赖理论，提出起点—动力假说，即乡村社区选择旅游发展的道路取决于特定的"起点"——乡村发展旅游前期的初始状态包括历史赋予与促使旅游发展的偶然事件；乡村社区延续旅游发展的道路取决于特定的"动力"——各种自然环境、社会、经济、文化、政治等要素之间复杂的彼此关联和相互作用。吴悦芳等（2012）依据新制度经济学理论，分析了古村落旅游地高度集中的旅游线路的形成和固化过程，指出游线固化实质是一个路径依赖的结果，市场结构因素、消费文化因素、权力因素、古建保护因素、制度因素和经济因素等形成的正反馈机制是不断加强游线固化效果、形成路径依赖的主要力量。王亚娟（2012）以漓江为例，分析了漓江游览模式陷入锁定状态的形成过程。陈钢华等（2013）研究亚龙湾旅游度假区开发模式变迁的路径依赖及其生成机制，指出其开发模式经历了由"政府主导"模式到"企业主导"模式,再到"政府主导、企业配合"模式的转变,且开发模式的变迁存在路径依赖,制度遗产、利益集团讨价还价能力等影响了开发模式的制度费用和制度收益,进而影响开发模式的选择与变迁路径。

在分析旅游发展的路径演化和路径依赖过程之后,学者往往提出打破路径依赖或"路径解锁"的对策。如刘霞(2016)从路径依赖理论出发,探讨了河南农业旅游业融合过程中存在的路径闭锁效应,并提出多重应对机制、多元路径解锁方式,促进可持续发展。麻学锋等(2012)借鉴"路径依赖"理论,提出SGGT模式,诠释旅游地产业成长路径以及分析了SGGT和空间演化过程及其动力机制,并从宏、微观两个层面阐释了路径生产和路径创造的破解方式。

(2)核心概念

路径依赖和路径变迁的过程中,往往涉及一个关键概念,称为道路分岔口(road juncture)。道路分岔口从字面上理解,即道路在某一个节点一分为二或者一分为多,这一概念被引入路径依赖理论中表示理解路径依赖的一种进路,这种理解制度变迁路径依赖过程的进路源自历史制度主义的传统(Ebbinghaus,2009;陈钢华 等,2013)。道路分岔口强调路径依赖进路的发展意义,并将道路分岔口看作一种制度安排的变迁过程,这一概念可以用于历史研究的探索,具有能够应对制度维持和变迁的灵活性(Ebbinghaus,2009;陈钢华 等,2013)。道路分岔口不仅考虑内部发展的自我强化,同时也考量外部力量的持续干预,并将制度变迁纳入其中,阐释了在发展模式变迁的关键节点上,制度安排更迭会出现路径分异发展(图 2.10)。将道路分岔口的概念引入乡村发展路径选择中,不仅能够明确乡村发展路径分异的关键节点,更有利于明晰路径分异化背后更深一层的缘由和本质。

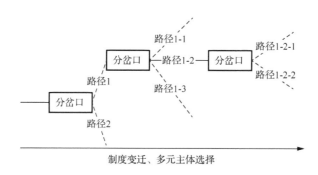

图 2.10　制度变迁、多元主体选择路径图

资料来源：根据参考文献整理所得（陈钢华 等，2013）

（3）引入目的

国内已经有大量研究尝试利用路径依赖理论来解释乡村社区社会、经济、政治、文化诸现象，如农业制度与农业结构（邓大才，2001）、农村政治与权力结构（唐兴霖 等，1999）等。在以旅游业为导向的乡村振兴活动不断发展以及乡村发展模式面临不可持续性问题的背景下，周思悦等（2019）构建乡村发展演化的解释模型，分析典型旅游型乡村的发展演化历程与路径依赖形成机制，发现乡村自我强化机制的存在，使得其建设模式出现认知锁定、经济锁定和治理锁定，导致乡村旅游业发展的不可持续，因此提出路径突破的建议：首先是发挥政府要素优化配置的引领作用，并通过复合多元主体的综合力量，积极探索基于资源、环境、经济、社会、文化多元要素耦合视角下的乡村产业发展模式、空间重构模式和社会组织治理模式；其次是"自下而上"乡村建设的主动性和主导权的重新确立，需要地方政府以及全社会各方面的长期关注、培育和引导。

乡村发展路径的演化，既有对以往路径的继承，也有结合新形势、新机遇下的路径转型和新路径探索，乡村的振兴发展也并非一蹴而就的，在其发展路径转换的过程中，如何抓住机遇实现路径创造

(path creation)和路径生成(path generation),并试图克服路径依赖是乡村现实发展需要深入探索的关键点所在,本书引入路径依赖的理论,结合案例地乡村发展路径演化的动态过程,实证乡村发展中的路径依赖以及在城市、景区中多元干预力量对路径依赖的突破。

2.3 本研究分析框架的构建

乡村发展是一个备受学界关注的研究领域。本书对乡村发展路径的相关研究进行了系统的综述,并对生产要素理论、区域空间理论和路径依赖理论等理论在乡村发展领域的应用进行了分析。研究得出如下结论。

第一,城市和景区是乡村发展的重要驱动力量和影响因素,"城市—景区"双驱型乡村已成为重要的实践案例。学界对城市力量和景区力量在乡村发展中的驱动和影响作用进行了丰富的探索,并形成了城市型乡村、近郊型乡村、景区带动型乡村、旅游驱动型乡村等乡村发展概念。从实践来看,在"城市—景区"这类特殊区域空间界面中的乡村,在发展过程中生产要素作为乡村发展建设的经济基础在城乡之间的空间流动和在各类产业之间的结构流动,既是乡村发展路径选择的结果,也是乡村发展路径选择决策的影响因素。因此,依托"城市—景区"双驱型乡村发展案例,对"城市—景区"双驱型乡村的驱动因素及其表现过程进行案例实证,将对传统单一的基于城市驱动或景区驱动的研究形成补充。**据此,本研究将提出"城市—景区"双驱型乡村这一理论概念和实践形式,并对其进行实证分析。**

第二,"城市—景区"双驱型乡村的发展路径存在动态性和非线

第二章　理论基础与分析框架

性结构，揭示乡村发展中多元路径的动态过程，成为重要的理论创新和需求所在。乡村发展的现有研究侧重于乡村转型发展及乡村发展的类型模式等方面，议题涉及乡村经济、社会、空间等多个方面，相关研究主要从经济产业结构、人口规模结构、生产生活方式、建筑景观风貌和空间结构布局等角度出发，来探讨乡村的时空演变、发展类型、模式及对策（韩非 等，2011）。然而，乡村发展是持续推进的过程，其路径和模式的选择显然不是单一、偶然的，最终呈现的路径结果烙印着生产要素重组的叙述逻辑、乡村区域空间内外的互动关联、路径依赖的突破与创造过程。同时，产业、人口、资本和技术等在区域空间内的集聚、扩散，反馈作用于乡村发展动态及发展方向的调整；乡村发展在关键节点上，具有影响力的行动主体（各级政府、企业、村民等）面临着诸多选择。由此，在内外部力量驱动下，乡村发展路径会逐渐突破原有的路径依赖，并在初始阶段、发展阶段、优化阶段等不同发展阶段和发展背景下创造和生成新的发展路径。可见，基于实证案例揭示乡村发展的多元路径及其动态形成过程，具有重要的创新意义和理论价值，这是本研究拟重点解决的研究问题。

第三，"城市—景区"双驱型乡村的动态发展过程既体现于其土地利用的空间演变，也会对城市溢出和景区发展进行响应和自我优化，关键事件的发生则会给乡村的发展路径选择提供干预机会。在乡村发展路径的动态演化过程中，生产要素作为乡村发展的基底，持续推动着乡村社会、经济、文化各方面的重构；特定区域内的乡村，涉及的空间尺度极为复杂，乡村的发展与城市之间、与景区之间都有着密切关联，由此凝结出不同历史阶段下的新型区域空间结构。为了揭示这种机制，本研究通过对多个案例村庄的发展路径演变过程的分析，描绘"城市—景区"界面区位条件下的乡村在多元化发展路径中的动态选择过程，并从历时与共时的双重时间尺度分析在不同发展阶

"城市—景区"双驱型乡村发展路径选择与形成机制

段城市、景区推动乡村发展路径的改变。本书将引入"道路分岔口"的概念、以重要节点事件作为"道路分岔口",结合关键事件法分析不同乡村发展过程中路径解锁、路径创造和路径生产的历时性过程,同时尝试剖析并描绘案例地乡村在特定时间截面的发展路径选择情况。这是本研究拟推动解决的研究内容。

由此,本研究提出如图2.11所示的"城市—景区"双驱型乡村发展路径选择与形成机制分析框架。本研究将以北京怀柔区"长城国际文化村"所涉及的慕田峪村、北沟村、田仙峪村和辛营村四个行政村作为案例研究对象,对"城市—景区"双驱型乡村发展的路径选择、土地利用空间演变、形成机制和干预优化等进行探索和分析,以在总体上检验"城市—景区"双驱型乡村发展路径的理论分析框架,并对该分析框架进行丰富和发展。

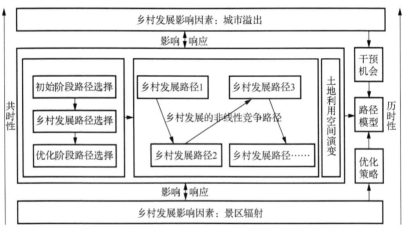

图2.11 "城市—景区"双驱型乡村发展路径选择与形成机制分析框架

第三章

研究设计与研究实施

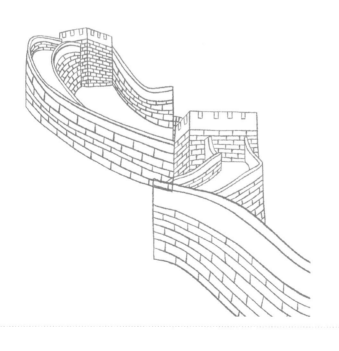

3.1 案例地选取

本研究选取北京市怀柔区四个行政村共同组成的"长城国际文化村"为案例地。四个村同属于北京市怀柔区旅游重镇——渤海镇,其地理位置四村毗邻,同时四村的旅游发展资源都依托于国家 5A 级景区慕田峪长城景区,以及待开发的箭扣长城段(图 3.1)。基于这四个村与核心景区之间的距离和生产要素基础的不同,旅游产业介入的时序,发展的动力机制以及旅游对乡村的影响不同,四个村呈现出了不同的发展路径和乡村状态,可以很好地诠释城市以及景区影响下乡村的发展路径。

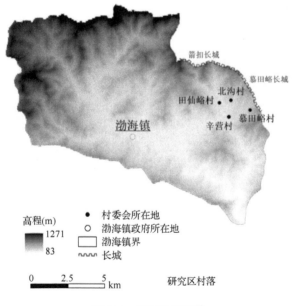

图 3.1 案例地区位图

第三章 研究设计与研究实施

3.1.1 案例地典型性说明

本书依据研究问题,确定以北京市怀柔区"长城国际文化村"为研究案例地,"长城国际文化村"包括慕田峪村、北沟村、田仙峪村和辛营村四个行政村。选择这四个村作为案例地,主要考虑了如下因素。

(1)区位条件特殊

从地理位置上看,四个村虽然坐落于北京市区北部的远郊区生态涵养区地带,但是由于道路基础设施的不断提升,这四个村距市区东直门长途汽车站约 60 公里,大约 1 小时车程,距离怀柔城区 20 公里,大约半小时车程,交通区位优势明显。也就是说,这四个村的空间区位与北京市区的关系密切、互动频繁,乡村的社会经济各方面发展都会受到北京市区的影响以及怀柔区城镇的强辐射影响,彼此之间存在资本、劳动力等多重要素交换。

从旅游区位而言,四个村毗邻世界级文化遗产长城,拥有国家 5A 级景区慕田峪长城、箭扣长城和 3A 级响水湖景区等旅游资源。其中,北沟村、田仙峪村和辛营村距离长城景区售票口仅几分钟车程,属于典型的近景区乡村。而慕田峪村如今甚至处于慕田峪长城景区范围之内。这四个村能够依托景区区位便利,与景区协调、融合发展,开展多元合作促进乡村建设发展。同时,这四个村都或多或少依托世界级旅游资源——长城,以及国家级慕田峪长城景区,将旅游作为乡村发展的选择之一,发挥景区旅游接待与辐射功能。

(2)资源禀赋相似

案例地所选择的四个村在自然资源和历史文化资源方面具有相似的特点。四个村均地处暖温带型半湿润气候区域,四季分明,雨热同期,夏季湿润,冬季寒冷少雪。四个村的自然基底相同,拥有相似的自然资源环境和土地条件,种植业基础良好。依托相似的自然基底,四个村均发展板栗种植。

同时,四个村的建村历史悠久,文化底蕴深厚,呈现出淳朴、淡雅的乡村民风。四个村都位于长城脚下,发展历程与长城关系密切,具有独特的历史文化资源优势。随着长城景区资源的开发,依托长城旅游景区,四个村均被纳入"长城国际文化村"的建设之中,也铸就了四个村乡村旅游的发展基础。

(3)发展路径多元

四个村在发展早期,都处于基础建设不足、乡村环境脏乱差、经济以农业为主的发展状态。随着慕田峪景区开发建设,以及新农村建设进程的推进,四个村陆续开始实施兴修道路、整治环境、加强基础设施建设、完善信息化建设等一系列措施,在一定程度上改变了村容村貌,也使得乡村旅游逐渐发展起来。2010年,四个村被统一纳入"长城国际文化村"工程打造中,该工程通过挖掘长城文化、乡土文化和国际文化等特色文化资源,实现中西合璧、优势互补,打造既有中国传统文化、又有世界气息的国际化新农村,并希望形成 "吃在田仙峪、住在北沟村、游在慕田峪、购在辛营村"的一体化发展格局。

在案例地村发展演进的历程中,由于景区建设、外来资本、市场介入和发育程度在案例地村发展的时序存在差异,乡村发展历程呈现多元化局面。慕田峪村位于慕田峪长城景区范围内,村内生态环境优美、自然景观众多,已经形成了"中外文化并存、世界人民相邻"的独特景观;北沟村处于慕田峪长城脚下,形成了板栗、核桃种植与乡村旅游体验并重的发展格局;田仙峪村处于慕田峪长城西侧,属于龙潭和珍珠泉水源地,目前形成了板栗种植、冷水鱼养殖和民俗旅游三大产业为主的发展格局;辛营村也逐步在发展过程中受到旅游产业对乡村路径的影响,形成了板栗种植与民俗旅游产业发展并行的方式。

四个村在发展历程上由于资源禀赋、产业基础、相对位置、乡村治理方式、旅游开发介入时序等的不同,其发展呈现出了不同的发展路径,具有一定的典型性。因此,本研究认为对四个村的发展过程、乡村内部各主体的相互作用和外部力量的介入及其动力机制等问题的深入调查,有助于研究在"城市—景区"背景下的乡村发展路径。

3.1.2 案例地概况[①]

(1)慕田峪村概况

慕田峪村位于怀柔区慕田峪长城风景区内,村域面积 3.3 平方公里,全村 115 户,共 283 人,2017 年村级经济总收入 1228 万元,村民人均纯收入 35000 元。目前,栗树林在景区环境建设需要情况下,已减少到总林场面积的三分之一,农业基础较为薄弱。

慕田峪村围绕慕田峪长城景区重点发展旅游产业及旅游服务接待。自 1988 年慕田峪长城对外开放后,村内便开始兴起旅游民俗接待和旅游商品销售,随着慕田峪景区的建设,大部分村民逐步从事旅游商品销售,或在慕田峪景区小商品市场就业。同时,慕田峪村也吸引了不少国内外人士投资办企业,租赁村中民宅,改造后进行特色民宿经营。

(2)北沟村概况

北沟村位于怀柔区西北部,距怀柔城区 18 公里,村域面积 3.3 平方公里,全村 112 户,共 273 人。2017 年村民人均收入 26327 元。目前,村内主要产业以板栗和核桃种植为主。在第三产业方面,目前主要包括瓦厂特色酒店和村民民宿、农家乐等。从 2005 年起,村集体原有瓦厂承包给外资企业改造为乡村特色酒店,此后陆续将村内闲置

---

① 参考资料:北京市怀柔区渤海镇北沟村村庄规划说明书。

或废弃住宅对外出租，收取租金，增加村庄整体收入，曾有15户外籍人士在村内租赁院落。

（3）田仙峪村概况

田仙峪村背靠箭扣长城，建村于明朝修建长城时期，距今已有600多年历史。村庄有着悠久的历史，其依山而建，环水而居。田仙峪村村域面积9.7平方公里，全村207户，共509人，2017年村民人均纯收入25119元。田仙峪村现今的村民一部分为修筑长城的军民与工匠们的后裔，至今村中还有明代烧制城砖的砖窑遗址和古城堡遗址。

田仙峪村的主要产业为农业（板栗种植）和水产养殖业（虹鳟鱼养殖）。经过多年的发展，虹鳟鱼养殖已成为怀柔品牌，田仙峪村成为国家冷水鱼良种基地，一方面为全国各地提供虹鳟鱼鱼苗和技术咨询服务，另一方面带动周边农民通过养殖、垂钓、销售、烧烤、特色农家乐等形式致富。目前，村内共有3个虹鳟鱼特色餐厅以及30余户特色农家乐。田仙峪村村域面积大，年干鲜果总产量达430吨，其中板栗产量占75.6%。

（4）辛营村概况

辛营村位于渤海镇东部，东临慕田峪长城，北临箭扣长城，村域面积2.3平方公里，全村145户，共354人。辛营村是渤海镇的古村落之一，因辛营城而闻名，辛营城为明代怀柔区长城脚下守卫北京古都军事要地的古城之一，有着丰富的历史文化资源。

2018年，辛营村村民的人均收入达到20323元，但其主要收入来源于本地的板栗经济和村民外出打工。辛营村以板栗种植为主导产业，年收板栗6000斤以上的村户占全村的四分之一，板栗种植是当地村民主要收入来源之一。其次为村民务工，在本地公司务工或外出打工是其重要的收入来源。尽管慕田峪长城旅游经济对辛营村的商业、旅游附属产业带来一定的积极作用，但是辛营村旅游发展速度仍然较慢。总体来说,辛营村主要是依托本地资源发展农业经济,同时依托大城市就业机会为乡村带来额外收入,旅游开发的影响较弱。

3.2 数据资料的采集

3.2.1 事件资料采集

(1)事件资料来源

本书以北京"长城国际文化村"——慕田峪村、北沟村、田仙峪村和辛营村为案例地。2018年3月至2020年1月,作者进入案例地开展调研工作,采用参与式观察法、非参与式观察法、深度访谈法等方法了解案例地的基本情况和关键事件资料。通过两个过程采集案例地在发展过程中的典型事件资料。第一,现场观察与记录。本书采用了参与式观察法了解案例地和典型人物的基本情况。作者亲自前往四个村进行长时间的生活和观察,参与到当地村民的生活之中,入住村民民宿、与村民同吃同住,与村民建立深厚的友谊。辅之以摄影、录音等方式,对调研过程中观察到的乡村状况和事件进行现场记录,明确不同主体对乡村发展的感知和认知,同时对访谈结果进行多角度验证。第二,关键人物访谈。由于案例地发展涉及政府官员、投资者等少数关键人物,利益博弈事件等历史信息具有隐秘性,除了个别事件参与者知晓外不为外人所知,因此只能采取对关键信息提供者(key information provider)进行深入访谈的方法,获取案例地历史事件发生的背景及其原因、过程与结果等信息和历史资料。访谈过程中采用录音、田野日志等方法进行观察记录,并将录音内容整理转化成为文本。

(2)访谈样本结构

本研究主要采用半结构与非结构相结合的访谈方式。访谈的对象包括镇政府工作人员、村干部、村民、酒店经营者、民宿投资和经营者以及景区工作人员等。访谈的内容包括乡村旅游发展历程、村民生产生活情况、建筑房屋和土地使用情况等（访谈提纲见附录 A）。平均访谈时长 30 分钟以上，其中重要访谈对象的访谈时间基本达到 1 小时，均有录音记录且进行编码整理。最终整理出 47 份访谈记录，共计 23.5 小时的录音，访谈文本字数 30 余万字（各村受访者信息见附录 B）。

3.2.2 文本资料采集

(1)文本资料来源

为弥补深度访谈所获案例地发展背景资料的不足，作者进入案例地政府档案部门查阅了案例地发展的相关资料，收集了乡村的村志、统计数据、产业状况、规范方案及其他（如照片）资料，还收集了案例地发展历程中重大历史事件等有关的文件和档案等，辅助实证内容的分析。这些地方文献能够将部分碎片化的乡村发展历史片段串联起来，勾勒出乡村发展历程的整体概貌。同时，对案例地的背景资料充分的收集和掌握，便于访谈过程的科学化、合理化和高效化落实，引导访谈逐步深入，提高访谈质量，同时进行信息互检，提高数据的真实性和研究的科学性。

(2)文本资料概况

文本资料主要来源于渤海镇人民政府、四个村村委提供的资料，北京市旅游发展委员会、北京市规划和自然资源委员会以及怀柔区区政府等相关官方网站公开发布的公告，官方和主流媒体等与之相关的新闻报道等。调研获得的数据和资料类型包括村志、统计数据、产业发展情况说明、规划及项目资料、新闻报道以及政府发布信息等,各村统计资料获得情况如表3.1～表3.5所示。

表3.1 案例地资料收集统计

村名	村志	统计数据	产业发展情况说明	规划及项目资料	新闻报道	政府发布信息
慕田峪村		√	√	√	√	√
北沟村	√	√	√	√		√
田仙峪村		√	√		√	√
辛营村	√	√	√			√

表3.2 慕田峪村获得文本资料情况

数据类型	数量	具体内容
统计数据	3	村统计年鉴数据;民俗户统计数据;2016年渤海镇星级民俗户汇总表
产业发展情况说明	5	产业发展情况及规划;主导产业简介;推进改革情况简介;就业渠道情况简介;村民收入情况简介等
规划及项目资料	1	《北京市怀柔区慕田峪村村庄规划》的村庄总平面图、建设用地规划图、道路规划图和中远期道路建设规划图等
新闻报道	9	《北京试点建设长城国家公园》《北京市长城文化带保护发展规划》公布520公里长城串起2873处资源点;《慕田峪长城的烟云过往》等
政府发布信息	36	《"三条文化带"》《重磅新政落地 北京刺激旅游消费》《市旅游委:乡村民宿管理导则有望年内出台》等
其他	4	老房屋照片

表 3.3 北沟村获得文本资料情况

数据类型	数量	具体内容
村志	1	村庄演绎、农村改革、环境治理等
统计数据	2	村统计年鉴数据；2016年渤海镇星级民俗户汇总表
产业发展情况说明	2	怀柔区渤海镇北沟村民俗旅游典型材料；北沟村民俗旅游致富带头人
规划及项目资料	4	《2017年北沟村基础设施升级规划方案》《北沟村发展规划》《2016年渤海镇北沟村建设三年规划》；部分北京市旅游产业项目补贴申请材料
新闻报道	10	《王全：打造"长城国际村"》《我区乡村酒店经营者获评"2015年中国乡村旅游年度人物"》[①]《京郊9个乡村旅游重点村颁牌》等
政府发布信息	22	《渤海镇北沟村入选国家级美丽乡村示范村》《"洋村民"老萨的友爱之道》《王全：从北沟村走出来的全国人大代表》等
其他	1	《北沟村村规民约》

表 3.4 田仙峪村获得文本资料情况

数据类型	数量	具体内容
新闻报道	6	《国奥乡居造养老社区》《绿色GDP留住美丽乡村 首都农业走上高质量发展之路》等
政府发布信息	36	《关于公布2006年北京市乡村民俗旅游村和北京市乡村民俗旅游户名单的通知》《引导京郊农民寻找新的经济增长点》《现代水产养殖及休闲渔业发展高级研修班现场教学第一站——北京顺通虹鳟鱼养殖中心》等

---

① 我区指怀柔区

续表

数据类型	数量	具体内容
统计数据	2	村统计年鉴数据；2016年渤海镇星级民俗户汇总表
其他	29	政府发布的关于箭扣长城的信息，如《关于北京市长城资源调查工作总体方案的报告》《箭扣长城6月底前完成修缮 有望逐步对外开放》《怀柔区文物管理所加大长城管护力度》等

表3.5 辛营村获得文本资料情况

数据类型	数量	具体内容
村志	1	《辛营村村志（2018版）》
统计数据及产业发展情况说明	2	村统计年鉴数据；2016年渤海镇星级民俗户汇总表
政府发布信息	4	《关于对拟命名二〇一二年度北京郊区环境优美乡镇和生态村的公示》《征地公告（北京市怀柔区渤海镇辛营村）》《探访长城脚下的"国际村"，感受国际范美丽乡村建设》《关于2018年北京乡村旅游评定结果的公告》

3.3 数据资料分析

本研究采用混合研究方法对数据资料进行分析。该方法是在同一项研究中结合使用定量和定性研究方法，增加研究问题的依据，以拓宽和加深对研究的分析和理解。在过程层面，定量和定性方法的"整合"可以扩充资料、确定变量、开发工具、提供多元化的分析方法并生成研究问题,达成互补与反思(李刚 等,2016)。本研究采用的质性分析方法包括"过程—事件"分析法、比较分析法。定量分析方法包括 GIS 空间分析等方法。研究者可根据具体研究问题、理论和目标选择不同的搭配来理解数据(朱迪,2012)。

资料分析拟实现的目标包括:①互证,即通过不同的研究方法来寻求某一结论的共同确证;②补充,即一种方法的结果为另一种方法的结果提供解释、例证、全景;③反思,即不同方法得出的研究结论之间的冲突可让研究者重新思考研究问题、研究设计与研究方法,对研究进行重构。混合研究方法有两个主要原则:①区分"数据获取方法"(如无结构式访谈、建立在封闭式问题上的调查研究等)和"数据分析方法"(如定性内容分析、福柯式的话语分析、定量的内容分析、结构方程模型等);②研究者可根据具体研究问题、理论和目标选择不同的搭配来理解数据(朱迪,2012)。

第四章

"城市—景区"双驱型乡村发展的路径选择

"城市—景区"双驱型乡村发展路径选择与形成机制

乡村的发展受自然资源条件、社会环境和历史条件的约束,本书主要研究"城市—景区"界面条件下乡村发展路径的特点和分异。因此,本研究案例地的初始考察时间界定在慕田峪长城景区初始开发之时。本章将基于"城市—景区"双驱型乡村发展路径的理论分析框架,尝试采用"过程—事件"分析等质性研究方法对乡村发展进行历时和共时分析,以重要事件节点作为"道路分岔口",以生产要素理论为依托,剖析乡村土地、人口、资金和组织等生产要素的投入情况和流动情况;根据区域空间理论分析特殊区位条件下的乡村生产要素在城乡之间、产业之间的流动情况;根据路径依赖理论分析不同乡村发展路径的分异情况及其原有路径突破、新路径生产的动态过程。通过四个村的发展路径演变过程分析,描绘"城市—景区"界面条件下的乡村在多元化发展路径中的动态选择过程,分析在不同发展阶段推动乡村改变发展路径的关键要素,以期发现乡村发展路径不断优化的内在动力。

4.1 景区介入与乡村转型:慕田峪村发展路径选择

慕田峪村的发展与慕田峪长城景区开发密不可分,其乡村发展一直与慕田峪长城景区的建设发展相辅相成。慕田峪村不仅在物理空间上与慕田峪长城景区紧邻,村民的日常生活和生计的改变更是与景区开发和发展有着不可分割的联系。村庄发生着物质景观的改变、土地利用和社会空间形态演变,伴随着旅游产业的深入,社会关系也在不断变迁。通过作者的田野观察和访谈可知,慕田峪村的发展路径与慕田峪景区发展路径在时间和空间上几乎是重叠交融的。

第四章 "城市—景区"双驱型乡村发展的路径选择

4.1.1 初始路径选择：依托长城景区开发的初步发展

（1）慕田峪长城修复，景区发展起步

随着改革开放正式拉开帷幕，中国的旅游业迈入新的发展阶段。1978年10月，邓小平同志指出"民航、旅游这两个行业很值得搞"，鼓励发展中国旅游业，改变了旅游部门的机构性质，造就了一个新兴产业（杜一力，2012）。旅游业从对外的事业接待转变为了以经济为导向的产业。邓小平同志也提出"20世纪末创汇100亿美元的目标"，同时，中国的自然风光和历史文化对外国游客产生极大的吸引力，国家对外开放，入境旅游发展迅速（张城铭 等，2019）。旅游业发展初期，代表着中华文化和民族精神的长城自然而然占据了先发优势，成为国家重点发展的旅游资源。

经国务院批准于1983年3月17日破土动工，投资1250万元开发修复了总长2000米的慕田峪长城，第一期修复工程于当年11月竣工。

1984年，北京市开发慕田峪长城旅游区指挥部会同原怀柔县规划部门，依据《慕田峪长城游览区总体规划》的原则和指导思想，进一步拟定了慕田峪长城旅游区详细规划和旅游区服务设施的安排。1985年，《中华人民共和国国民经济和社会发展第七个五年计划》（1986—1990年）中"大力发展旅游业"的目标定位在"增加外汇收入、促进各国人民之间的友好往来"。慕田峪长城景区开发不仅仅是满足"我们国内的人想看看祖国的山河"（《经济参考》1984-09-08），更是对外进行外事接待，树立中国国家形象和中华民族精神传承的途径。同年，慕田峪长城旅游区管理处由原怀柔县人民政府批准设立，同时明确了慕田峪村归管理处领导。长城旅游区的成立成为慕田峪村旅游发展的起点，同时以行政关系和实际运营将慕田峪村与慕田峪长城景区紧密连接在一起。1986年，景区试开放。

1988年6月，德国汉高化学品集团捐助的慕田峪长城二期修复，同年10月底竣工，总投资142万元。1991年7月，由联合国教育、科学及文化组织赞助的慕田峪长城三期修复，从18号敌楼至20号敌楼总长300延米，同年10月竣工，总投资75万元。从1988年起，景区正式对外开放。

（2）景区打开了村庄面向世界的大门

20世纪80年代，在慕田峪长城修复工作启动并将其建设成为景区之前，慕田峪村与中国北方大多数乡村一样，是一个依靠传统农业发展的乡村。乡村因为坐落在长城脚下，长城段的修复和景区的建设成为了乡村发展路径的起点。国家宏观政策对旅游业的利好，成为慕田峪村发展的重要驱动因素，也对慕田峪村的发展起着关键性的影响。

从1986年慕田峪长城试开放开始，慕田峪长城旅游区办事处（以下简称长城办事处）征用部分村民的土地和山林，除了获得一次性经济补偿，被征用土地的村民还获得了从农业户口向非农业户口转变的机会，并且可以在长城办事处获得一个工作职位。同时，长城办事处允许附近村民（尤其是慕田峪村村民）在景区划定范围内经营小商品零售业。慕田峪村中头脑灵活的村民也在这样的变化中，开始生计方式的转型。

"1983年，土地包产到户。长城也开始开发了。当时，陈慕华（当时的国务院副总理）来这里看，说'成'，大伙儿都特别支持，占哪里随便占。那会儿（土地）随便占。"——M11-c

"那时候，占了地以后，农转非，我们家那位就开始去长城办事处上班了。"——M04-b

第四章 "城市—景区"双驱型乡村发展的路径选择

"最开始就是从批发市场进点儿货,弄点儿白色大 T 恤,上面印着长城的画或者字,老外都很喜欢。其他人看着卖得不错,也开始卖。"
——M03-b

"想着有人来玩,口渴了要喝水,最开始就卖点水什么的。后来,我就去弄了套古代士兵的衣服,在长城上,很多人都愿意和我合照。"
——M07-b

慕田峪村村民因为商品经营收入增加,加上部分村民在长城办事处工作每月有固定工资收入,在初始路径选择时,村庄很快便确立以旅游业接待为经济转型和突破口,从事非农活动,86%的村民收入来自旅游商品经营,也成为怀柔区的第一个外语村、首富村[①]。

慕田峪长城旅游区对外开放,连通了曾经无人问津的小村庄和外面的世界,甚至打开了乡村面向世界的大门。随着慕田峪长城景区的不断发展,其不仅成为中国政府招待世界各国领导人游览长城的选择之一,也吸引着国外旅游者慕名前来。据村民们回忆和描述,来慕田峪长城景区游玩的游客一直就是"外国游客多于中国人"(——M03-b)。

"老外觉得我们这里比八达岭人少、景美,又原生态。"——M03-b
"好多老外都直接来我们这边,他们不去八达岭的,觉得那里都是商业化的。" ——M07-b

在这个阶段,慕田峪村还发生着产业结构的演变与利益主体的协商。慕田峪村村民主要的经济收入来源由单一的传统农业转为农业与商品零售业——在慕田峪长城景区内摆摊售卖商品。由于土地包产到户的政策,加之村庄缺乏规划和管理经验,村民占地经营小商品销售

---

① 小村大世界——怀柔区慕田峪村创建"国际文化村"纪实。

的现象普遍。此时,慕田峪长城旅游区的发展涉及的利益主体包括村民、村委会和长城办事处等,少部分闲置房屋转变为商用,用于餐饮服务业等。在慕田峪长城景区的旅游业发展中,利益主体之间相互补充,村民经营商品零售业,长城办事处管理景区并安排协调商品经营,包括服务游客的住宿和餐饮业等。在村委会协调下,村民商品零售的摊位是轮换的,这就从根本上保证了每一户村民经营者的公平性和利益可获得性。此时,慕田峪村产业结构由单产业支撑向双产业混合转型,慕田峪村村民的生产模式也逐渐发生了改变,由第一产业生产模式转变为第一产业结合第三产业生产模式。

在发展初期,慕田峪村处于慕田峪长城景区外部,区位与长城景区是邻近关系,村民的商品经营与景区客源共享、资源与产品互补,是典型的景区依托型旅游乡村。该阶段主要由政府主导慕田峪长城的开发,并带动了周边乡村(以慕田峪村为主)的就业和经济发展。慕田峪村村民的经济来源除依靠农业(种植业)获得外,也通过商品(纪念品)贩卖的经营活动获得。政府鼓励景区配合入境旅游市场需求,积极开展针对外籍旅游者的服务接待活动。但该阶段政府对景区的管制力度弱,而经营者的商业活动流动性强。乡村旅游开始发展,游客以观光旅游为目的,村中出现一两户农家乐和民俗接待,呈现出粗放发展的特点。

总的来说,慕田峪村因为紧邻慕田峪长城景区,具有先发区位优势。同时,慕田峪长城景区在开发之初,政府因为征用了慕田峪村的土地,直接影响了慕田峪村的生产要素结构,所以为其提供了依托景区的发展路径选择。分析慕田峪村的劳动生产要素可见,慕田峪长城景区建设为村民带来了大量的就业机会,特别是商品销售成为村民最大的收入来源,游客的到来也为村民提供了经营餐饮和住宿接待的机会,推动了慕田峪村选择依托景区发展旅游的路径。从土地和资本生产要素分析来看，景区开发直接占用土地，不仅改变了村庄的生产要素配置结构，也带来了一定的土地补偿款收入，土地补偿款作为村庄依托景区发展进一步投资的重要来源，助推了慕田峪村依托景区发展路径的选择。相应地，看到依托景区出现了新的就业机会后，大多数村民都选择留在村里发展，外出到城市打工的人口比例大大降低。慕田峪村是受慕田峪长城景区开发初期影响最大也是最直接的村庄，在景区开发阶段就打破了原有的生产要素配置状态，将村庄导向了依托景区的乡村旅游发展路径。

4.1.2 二次路径选择：外来经营者影响下的国际文化村建设

该阶段慕田峪村虽然仍然沿袭了旅游商品销售的发展模式，但是以慕田峪村"小园餐厅"开业为事件节点，村庄开始探索以观光为主导，餐饮住宿为辅的民俗接待发展路径。更重要的是在外资经营者积极主动推动影响下，慕田峪村不仅吸引了外国人来玩，也走出了国门尝试乡村的国际合作，让"长城国际文化村"的建设成为可能。

（1）国际精英的"小园餐厅"模式和规模化经营

虽然慕田峪村开发旅游较早，但是大多数村内居民都通过商品售卖或者在办事处上班拥有稳定收入。即便有村民做旅游接待，也仅是提供简单的农家饭，如果有游客提出住宿要求，便顺势接待，成为"民俗户"。这样的发展路径被打破，与一位名叫 S 的美国人有很大关系。1986 年，S 到中国游览长城时经过慕田峪村，就对这里念念不忘，直到 1996 年，在北京工作的他从村民手中租下了一栋农宅改造成自己的度假屋，每逢周末来此小住。

随着时间的推移，这位外籍居住者逐渐和村里建立了深度联系，村主任也意识到这位租住村民房屋的外国人和普通的租住房屋者不

"城市—景区"双驱型乡村发展路径选择与形成机制

同,敏锐洞察到这位城市来的国际精英可以为乡村的发展出谋划策。

"我 2002 年(当)上了(村支书),当时我就想说干点啥,他在北京城的外企上班,有知识和见识,我就找到他说,看看能不能为慕田峪村的发展出点儿力,干点儿什么。"——M11-c

"我这小学要空着呢,老百姓要租也就只能给到两三千元钱(一年),他租,给 6500 元一年。环境治理也就那时候开始的,咱们这个得适应那形势,结果长城办事处当时也给我拨了 10 万元钱,我就说保证环境给搞上去,厕所先改造,村下边到整个 4 米宽的河床边垫上,用来停车。" ——M11-c

2006 年,外籍经营者 S 与夫人用高于普通村民租赁的价格租下了村集体所属的废弃村小学,将其改建为"小园餐厅"。S 夫妇的租赁价格比普通村民出价更高,作为租赁村集体土地和房屋的补偿。同时,村集体也相应对其支付方式给予了较大的便利,不用一次性付清 30 年的租赁费用,可以分年缴纳。

"2005 年,李书记敦促 S,说你们应该快退休了,在这住着,你们是不是应该回报一下社会啊,为我们村民做点什么?当时,S 很严肃地考虑了这些问题。那时候问李书记村里有没有空置的地方我们可以利用的。然后,书记带我来到小学校,已经关闭了很多年,破烂不堪。" ——M01-a

"现在我的工作室位置(当时看起来)有点工业的感觉,因为我们都特别喜欢艺术玻璃,每年我也去意大利要买东西,收藏一些艺术品,我的一个伙伴又是做工业玻璃的,就想着要不我们可以做一个艺术玻璃工作室,对外开放,请艺术家过来,现场吹制玻璃,跟意大利一样,但是一个好的产品也需要结合这个景。我们仔细调研了旁边全是农家院,恨不得十元钱吃一顿饭,我们说我们不能走这路子,那咱

第四章 "城市—景区"双驱型乡村发展的路径选择

们做一西餐厅,所以我们就是当时招聘西餐厨师长,阮迪尔(音近,印度人)在加拿大被我给请回来了。" ——M01-a

在某种程度上,外籍经营者的行动更多基于自身性格、知识背景和审美情趣等个人独有的魅力,同时也结合对村里和附近村现有的旅游产品供给的调研和思考,做出了区别于本地农家餐食的差异化产品,针对市场经济背景的研判,符合国际化景区未来的发展趋势,摒弃低成本的低端产品,走精致高端路线。根据对慕田峪长城景区游客的评估,经营者得出了在村里开一间西餐厅的判断,以招待国际游客为主,不仅提供西餐,还注重与乡村的融合发展,使用村里种植的新鲜蔬菜等。除了主厨之类,大多数被雇用的员工都是本村人,但是有中国人上门要吃本地菜时也会临时聘请村民作为厨师。因为小园餐厅经营有方,菜品不同于北京郊区的农家饭菜,也成为慕田峪长城景区远近闻名的"网红餐厅"。甚至很多北京市民也慕名前来,只为到慕田峪村来吃小园西餐。

在此阶段,北京市城市建设正如火如荼,即将召开的 2008 年奥林匹克运动会不仅加速了北京城市建设的步伐,也让北京城市周边的乡镇得以发展。村中的部分村民已经开始到怀柔区甚至北京市区寻找自己的发展机会,更多村民为了"让小孩有更好的教育更大的发展——M07-b"开始在原怀柔县城购买商品房居住,村内的宅基地房屋逐渐闲置。而小园餐厅的成功,也促使 S 夫妇开始在慕田峪村寻找村民闲置房屋。除了位于小园餐厅旁的闲置民宅被 S 夫妇租赁下来,用以配合改造成个人艺术工作室,他们还在慕田峪村甚至到邻近的北沟村和田仙峪村寻找新的机会,尝试规模化租赁闲置农房进行改造。他们在改造房屋时服从地方政府对土地利用和房屋改建的规定,考虑到房屋本身的结构和周围环境的融合,在进行室内设计时兼顾实用和艺术的考量，较普通村民有更广阔的眼界、更大的灵活度。S 夫妇改建的闲置房屋拥有非常明显的个人特色，保留了北方乡村民居外立面风格，与乡土景观融为一体，而室内装饰则非常舒适和现代化，提高房间的采光和通风性，加装了电暖气和空调等设施。他们的行动也带动了自己身边的朋友甚至其他国际友人进入慕田峪村乃至后续的北沟村进行投资。S 夫妇将改造后的房屋一部分租赁给在北京市区工作的外国人，最初为 S 夫妇的朋友居多，而后逐渐扩展到其他国际友人，甚至还吸引了国内的社会精英，这些人会在闲暇时回到村内休闲度假，房屋成为自己的"第二住宅"。如果长期不居住，也委托给 S 夫妇打理，由瓦厂酒店统一采取"酒店式"经营管理。

2006 年 9 月至 2014 年，慕田峪村的旅游发展以 S 夫妇及其友人开设的小园餐饮有限公司、小园艺术玻璃有限公司以及甲乙丙咨询管理公司的进入为契机，并以个体经营者的力量为依托实现了规模化的租赁和改造。村集体政策对国际精英投资的支持，慕田峪长城本身的吸引力，加上闲置民房低廉的租金（100 平方米左右的民宅租赁 30 年仅需要 20 万元人民币）推动了慕田峪村转型发展。

乡村的发展吸引城市精英到乡村来，不仅带来了资金，也带来了与传统农村不同的城市观念、现代化和国际化的生活方式，这些变化对乡村土地和房屋利用结构也产生了一定的影响。慕田峪村不仅成功吸引了外国投资者，这些国际精英还在村内产生了较强的示范效应。村民开始尝试自己的宅基地房屋的升级、改建，将其改造成初期的民俗户，而后又升级成为精品民宿。

乡村中的管理者对乡村发展走势的判断，借助国际精英的知识和人脉，让原本仅有初级民俗接待的乡村开始走向国际化发展道路。慕田峪村从单纯依托长城景区开发的粗放式观光和服务业结合的发展，开始进入国际文化村的建设阶段。在外来经营者的影响下，本地村民利用自家的宅基地翻新改建为民宿，村民的"家"和民宿成为一体。依托于长城景区的升级，外来经营者和本地经营者充分利用土地要素和房屋资源与旅游不断融合发展，推动了慕田峪村旅游发展路径的演变。

（2）慕田峪"国际文化村"建设

政府的行为与政策的实施对慕田峪村旅游发展路径具有重要的导向作用，政策的不断变化也促使着慕田峪长城景区和慕田峪村的发展不断被调适。2005年10月，党的十六届五中全会提出要按照"生产发展、生活宽裕、乡风文明、村容整洁、管理民主"的要求，扎实推进社会主义新农村建设。为了推进城乡一体化的发展，推动社会主义新农村的建设，党与国家给予政策上的支持，也为乡村旅游的发展提供了保障（罗正琴，2018）。2006年7月，在国家大力发展社会主义新农村建设的背景下，长城办事处结合多户外籍人员入住及参与慕田峪村开发的客观实际，初步酝酿慕田峪"国际文化村"建设的发展思路。慕田峪村一直依赖旅游商品经营的发展路径，也产生了许多问题，制约了乡村的发展。通过访谈总结可知：首先，慕田峪村以第三产业发展为主，村民收入过分依赖旅游商品经营活动，这种产业结构的弊端在于一旦商品经营效益出现滑坡，将直接导致村民收入下降，进而影响村民的生产生活。其次，慕田峪村的就业市场已经处于"饱和"状态，同类经营项目过多，造成摊位效益不高，导致尾随兜售、强买强卖现象时有发生，不利于景区和谐稳定；民俗接待产业发展停滞，规模小，质量偏低等[①]。因此，打破原先的路径依赖、调整村级产业发展结构、突破村级经济发展的"瓶颈"成为慕田峪村走向可持续发展路径的迫切需求。

---

① 慕田峪"国际文化村"创建工作汇报材料。

"城市—景区"双驱型乡村发展路径选择与形成机制

为进一步推动慕田峪"国际文化村"的建设、学习国外先进管理经验、加强文化交流,在S夫妇和村支书的共同推进下,长城办事处开展了与美国霄本村的交流,推动"国际姊妹村"的合作。2006年10月,霄本村代表Susan B. Samoriski女士来到慕田峪村访问,与办事处交流之后形成了"国际姊妹村"合作项目的大体轮廓。同时,慕田峪"国际文化村"建设正式纳入慕田峪村新村建设规划方案。怀柔区委书记参观慕田峪小园餐厅,充分肯定了小园餐厅作为外籍人士投资社会主义新农村建设和发展第三产业典型所发挥的带头作用[①]。2007年8月,慕田峪村设立了"国际文化村"标志、标识和雕塑。2007年9月,正式开村接待参观人员。2007年10月,在慕田峪村和美国霄本村的一系列交流访问之后,双方签署了合作协议并设立国际姊妹村展室。慕田峪村委会通过《北京日报》、《北京晨报》、北京电视台等多家媒体对慕田峪"国际文化村"进行了广泛的宣传推介,也极大地提升了"国际文化村"的知名度。2008年,慕田峪"国际文化村"已经初具规模,共有7个国家和地区的22户境外友人在慕田峪村"安家"[①]。外籍人员的参与开发极大推动了慕田峪村的新农村建设步伐,显著地增加了村民收入。

随着外资经营者的进入,慕田峪村的基础设施建设也得到了怀柔区政府和北京市政府的支持,村里开始整治和美化村内环境,如村内小道泥土路面硬质化、增加了村内公厕和休闲活动空间。个体经营者通过盘活闲置房屋、开展旅游商业活动以及传授技能等方式对慕田峪村进行改造。而后政府对慕田峪村的基础设施进行升级,使其旅游业发展条件更完备。"小园模式"对慕田峪村的影响逐渐加深,慕田峪村的旅游产业与行业也相应发生一定调整,由观光服务业、商品服务业为主转变为观光服务、商品零售、餐饮服务以及住宿服务多产业发

---

① 小村大世界——怀柔区慕田峪村创建"国际文化村"纪实。

展的模式。在这一个阶段，外资经营者对慕田峪村的旅游资本的投入具有一定的积极作用，其可使慕田峪村旅游发展更具多元性。

在国际合作阶段后期，村民经营的农家乐或者升级的精品民宿以及村民自己开的餐馆和其他连锁餐厅的涌现，使得慕田峪村的旅游发展具有多元化特征，住宿业的出现使旅游者短期在景区逗留成为可能，旅游者可享受的景区观光服务与时间的增加，促使慕田峪长城更具旅游吸引力。伴随着长城景区的开发和发展，本地村民的生计方式经历了由主要以农业生产为主转变为旅游商品销售、再发展到"旅游商品销售+农家乐经营"的过程。在长城景区开发之后，大部分村民从主要从事农业生产转变为景区门口的旅游商品销售，同时也使得村庄的发展路径发生转换。在外籍经营者S夫妇"小园餐厅"经营模式的影响下，部分村民开始学习外籍经营者的经营模式，改造闲置房屋为农家乐。村民利用自身的资本改建民房，改变了乡村景观，农家乐/民宿经营所获得的收益也推动越来越多的村民依赖于相同的路径继续改变乡村空间。在慕田峪村发展的第二次选择阶段，外资经营者及其附属引入的外来资本的介入使慕田峪村旅游发展路径与原有的单纯依托景区的观光产业发展有所偏离，出现了明显的乡村发展"道路分岔口"。原来仅由政府、本土资本以及本地村民主导的发展路径转向由政府、本土资本、外来资本、外来经营者以及村民共同作用。在劳动生产要素方面，除了原有的部分劳动力从事景区经营、商品销售和民宿经营外，这一阶段以S夫妇为代表的外来投资者带动了更多的村民转向民宿经营。就资本生产要素而言，外来资本极大地影响了慕田峪村以往依托景区发展路径发展的偏向，带动了本地村民投资于民宿经营之中。外来经营者推动的慕田峪"国际文化村"和"国际姊妹村"的建设，也为慕田峪村争取到了政府方面的投资，进一步推动了乡村的发展。从土地生产要素看，除了慕田峪长城景区开发占用的土地外，这一阶段也有许多新增的本地和外来民俗户（民宿）经营以及餐厅经营改变了土地使用的方式。在外资经营者的带动和政府政策的推动下，使得慕田峪村不断向国际文化村的乡村发展路径发展，同时让慕田峪村与邻近的北沟村、田仙峪村等发展产生了联系。

4.1.3 三次路径选择：景中村的形成与乡村转型调适

在慕田峪村发展的第三阶段，管理制度的变化使得乡村发生转型与调试，主要表现为公司制管理对乡村发展和旅游的影响。2013年，慕田峪村隶属关系从北京市怀柔区慕田峪长城旅游区办事处变更为由渤海镇管辖，办事处和乡村隶属关系分离。慕田峪长城旅游服务公司由"全民所有制"改为"有限责任公司"，公司股东变更为金融街控股股份有限公司、北京怀胜城市建设开发有限公司和北京市怀柔区国有资本经营管理有限公司（以下简称"金融街控股"），景区正式步入现代公司化运营阶段，标志着慕田峪长城旅游区全面进入第二次大开发，慕田峪村的发展也进入了转型调适阶段。

（1）景区空间重构和制约

金融街控股接管景区运营后，征用了慕田峪村和辛营村部分土地，新建了综合服务区，同时新建了景区内部道路，并对景区内部的功能布局进行了重新规范和全面优化。2013年6月28日，慕田峪长城旅游区综合改造提升项目正式开工建设。2014年，总占地面积116亩，建筑面积44300平方米的综合服务区正式落成运营，旅游综合服务区设有游客中心、特色商业业态、长城文化博物馆、地下停车场、摆渡车站、安保系统、游客休闲区等旅游服务和管理设施①。景区面

---

① 金融街控股 慕田峪长城风景名胜区综合管理服务中心 http://www.jrjkg.com/news.do?id=2521080317407407&type=1154363621039211[2023-12-12].

第四章 "城市—景区"双驱型乡村发展的路径选择

积也由原有的 8 平方公里扩容至 24 平方公里。景区面积的扩容直接导致原来处于景区外部的慕田峪村变成了一个被景区包围的"景中村"。原本可以自由进出慕田峪村的社会车辆,也因为在新扩建景区入口处的管制——设立有工作人员把守的行车关卡后,使得进入整个慕田峪村和景区的车辆都受到限制。除非通过提前预约方式,由村里的人打电话给值守处报备,否则车辆严禁驶入村内,统一停放在景区服务区入口的停车场内。到景区参观游览的社会车辆原来可以自由进入村内,甚至抵达景区入口处,现在非住宿类客人不能开车进入村内。

景区空间的变化直接导致了慕田峪村村民的生计和生活方式的改变。金融街控股在慕田峪村的村口外单独建设了综合服务中心,统一将原流动在慕田峪村内公共空间的商品摊位下移至服务中心内,改变了原来散布在景区入口道路两旁的摊贩集中的状况。村民商品经营从最初在景区门口无秩序无摊位售卖,到经过村集体协调形成了景区入口处轮换临时摊位区域,最后挪到新建的综合服务中心固定摊位处,这样的规范措施,使得整个村庄的旅游商品销售和景区的空间都发生了巨大的变化。此外,原办事处工作人员的工作地点转移至综合服务区,工作待遇不变。

"原来我们在马路边,客人来了就要从我们门口过,客人走了,从我们摊位门前过,我们就跟客人零距离接触的,客人本来不想买的,看了之后转一转之后也想买了。这个(在景区商业街摆摊)跟你都接触不上,就现在客人跟你卖东西都是接触不上。可是,现在进景区的客人不是也要经过,因为我从景区里面走过,也要经过整个的商业街,经过也不一定进你的屋,再说了,还好多人不经过,就一半的客人不经过,尤其是外宾,一半的客人不经过他们,直接从马路上就开到长

"城市—景区"双驱型乡村发展路径选择与形成机制

城上面去了。他们原来承诺是让所有的人都从商业街里面走,但是他们根本就没做到。他们连一半的人都没有,剩一半人就直接放上去,外边的人根本就不经过商业街的。"——M03-b

慕田峪长城景区的变化对整个村庄的旅游发展都产生了很大的影响,除了景区和乡村的空间发生重构,同时也对村民的生产生活产生了制约。首先,在就业方面,综合服务区旅游工作人员招工不再只面向慕田峪村或者慕田峪长城景区附近村,而是进行全社会招工,以此吸引更多人才进入慕田峪,在一定程度上影响了慕田峪村村民的就业机会。此外,将原来的摊位转移至综合服务区的商业街,客源减少使得收入也减少,部分村民的就业方式转换为经营民宿。其次,影响了慕田峪村内农家乐或民宿的游客量。综合服务中心内以及慕田峪长城景区入口处设立的餐厅以及酒店更加标准化及规范化,与慕田峪村内的民宿与餐馆形成鲜明对比,其对慕田峪村内的民宿及餐馆的经营与活动具有一定冲击,其与慕田峪村内的经营主体竞争的是到访慕田峪长城景区的旅游者,唯一不同之处在于二者所吸引的旅游者类型会有所不同。尽管慕田峪村内的民宿与餐馆具有其特色,能够吸引一定受众,但受金融街控股设立的行车关卡的影响,许多私家车不能自由出入慕田峪村,对步行经过村庄的游客量影响极大。大多数到慕田峪景区观光游览的旅游者,在综合服务中心搭乘摆渡车,直接穿过慕田峪村抵达景区的入口,摆渡车只在综合服务区始发站和长城景区入口广场处停靠,中途经过村庄没有设置停靠点,从景区离开时,摆渡车从村后的另一条路直接开走,不再经过村庄。而且经调研所知,到慕田峪长城景区的旅游者大多数是以一日游观光为主,有的随团前来,有的自行前来,买票后步行从综合服务区穿过村庄走到景区口的旅游者数量极少,乘坐摆渡车的旅游者只能坐车从车窗看到村庄,如果不从景区口折返回村内,几乎没有机会到达村庄、接触村民,更不用说在村内住宿了。

(2)慕田峪村旅游发展的转型调适

在这个阶段,慕田峪村在与慕田峪长城旅游服务有限公司的协商之中不断地调整自身的发展路径。慕田峪村虽然有外来资本的进入,继续租赁并改造村内闲置民宅,但是只有一两户,并且该阶段的民宅改造已经转向投资者用以度假居住而非商业经营。与此同时,受到商品服务市场下移的冲击,村民在商品经营方面的经济收入受到极大的影响,开始谋求新的发展。有不少村民借鉴外来投资者的成功经营经验,选择利用自家闲置民宅发展民宿。而受到金融街控股的干预与冲击,原先活跃于慕田峪村的外资经营者逐渐将经营主场转向其他乡村(如北沟村),慕田峪村的村民也逐渐依赖线上平台的客源以维持其客流量。如 M02-a 谈道,"因为外国人的客户群和渠道我现在还没有完全打通,我完全就是靠一个携程和宾客网,还有个易客行"。慕田峪长城旅游服务有限公司将慕田峪长城开发为具有商业业态的景区,使慕田峪村最初各自独立的住宿行业、餐饮行业及纪念品商业融入景区统一发展之中,形成有序的业态模式。村民不再自由地使用慕田峪村公共空间进行纪念品贩卖,而是受到国有企业的规训,从而在限定的范围内——慕田峪长城景区商业街,进行商业活动,慕田峪村的旅游发展总体上再次发生路径偏移。

金融街控股将商品服务市场统一下移至商业街,同时由于村民贩卖的商品类型同质化严重,商品售卖分工模糊和经营的不公平性,导致部分村民从商品经营中获得的收益减少,故而该部分村民转变其发展方式,转而经营民宿。如曾经经营旅游商品销售转而经营民宿的 M03-b 说道,"已经就不去摆摊了,都很多。你们自己周围认识的,很多人都不摆摊了,然后很多人原来不做,现在大多数不都在建房,好多人都是想来转向(民宿)来做"。

自 2018 年起，将住宅改造为主客共享空间的民宿的村民户数猛增，慕田峪村兴起"民宿热"，且各民宿主体房屋改造风格截然不同，体现民宿多元化特点。与外来投资经营者力求保留传统民宅的原真性不同，村民自营民宿的建筑风格总体偏向现代简约的装修风格。在民宿经营数量增加，而具有住宿需求的旅游者数量变化不大的情况下，各民宿经营者主体越发有意愿彰显其民宿的地方特色以及个性化服务，民宿多元化现象更为突出。本村民宿经营者比外来投资者有优势的地方是节省了民宅租金以及兼营餐饮服务，而外来投资者所带来的管理经验和方法却又是本村民宿经营者需要学习的地方。

民宿业的出现为村民提供了重新进入乡村旅游发展的机会，村民与住客共享住宅空间，一同享用家常菜，相较于酒店其所需投资成本较低，故而民宿是在村民经济条件允许的情况下进行的。通过将房间改造成标准化房型（且一些比较有经验的村民会在房间内设置独立卫浴间），修葺具有传统特色的庭院，村民经营的民宿场所得以实现。就慕田峪村现状而言，经营民宿的村民与经营酒店的国有企业及外资经营者虽然服务的目标群体不同，但其商业行为的本质导致两者仍存在相互制约与抗衡。实行标准化管理模式的国有企业与单纯由市场经济支配的外资经营者苦于村民的行为及观念对自身生活生产活动的影响；反之，村民认为国有企业及外资经营者占据了村民可享有自由支配权的空间。通过对村民访谈过程及结果可知，一旦进入旅游业市场，村民的观念不可避免地会受到商业化的影响，但在其投入与收益相抗衡之时，绝大部分村民首先不是寻找自身原因（或者即便了解原因但受限于自身的硬性条件及知识文化水平而难以做出改变），而是归咎于政府领导积极性的缺乏及外来竞争力的冲突与激化。村民对于村委会及上级地方政府的政策依赖性较强，但同时村民并不完全服从地方政府领导，其思想在乡村旅游发展下被赋予"自由"，但这种"自由"缺乏正确的引导,一定程度上限制了慕田峪村的发展。

在慕田峪村发展的第三次选择时,以金融街控股为主的国有企业主导了乡村旅游路径的偏向。一方面,其作为政府代表享有慕田峪长城及周边社区土地使用权(除归属于慕田峪村村集体和宅基地的土地外),其更有权力和资本实现对慕田峪长城景区和周边空间的重构,其标准化的管理及开发行为对发展慕田峪旅游业具有极大的促进作用;另一方面,因其作为以盈利为目的的公司,需要与旅游业市场内其他利益相关者抢夺市场份额,具有竞争关系,故其对慕田峪村乡村旅游发展具有一定约束性。在劳动生产要素上,除了原有的民宿业主和景区就业的人员外,还有不断新增的本地民宿/农家乐经营者,而仍以销售商品为主的摊贩则在金融街控股的规范化影响下转移至综合服务区中的商业街集中经营。在土地生产要素方面,新增了综合服务区和商业街的建设以及村口的行车关卡,也新增了本地村民对民房的改造建设等。在资本生产要素上,金融街控股投资了综合服务区、商业街以及村口的建设,本地村民也择机投入资金对民房进行改造、翻新建设,发展住宿接待。在这一阶段,金融街控股对景区的公司化运营极大地影响了整个乡村的旅游发展路径,慕田峪村也在村民、公司、外来经营者等的影响下不断巩固着依托于长城景区发展的路径。

慕田峪村发展路径选择如表 4.1 所示。

表4.1 慕田峪村发展路径选择

乡村发展要素	初次选择	二次选择	三次选择
景区的驱动表现	征地补偿 工作机会 旅游需求	吸引城市客源 吸引国内、国际客源 乡村旅游业态升级	管理制度的变革 景区综合服务区形成

续表

乡村发展要素		初次选择	二次选择	三次选择
城市的驱动表现		为景区集聚客源提供基础设施支撑	城市的国际精英人才进入乡村推动国际文化村建设	持续的乡村旅游需求资本入驻发展旅游业
乡村生产要素	人力	本地村民	本地村民+外来人员+国际精英人才	本地村民+外来人员+国际精英人才
	资本	本地资本	本地资本+外来资本	本地资本+外来资本+规模化商业资本
	业态	农业生产+旅游商品经营	旅游商品销售+农家乐经营	旅游商品销售+餐馆经营+民宿
	土地	农业用地+商业用地	农业用地（减少）+商业用地（增加）	农业用地（减少）+商业用地（增加）
收入水平		温饱	小康	富裕
关键机会		慕田峪长城景区修复	国际精英人才进入与集聚	公司制管理引入乡村组织
路径性质		探索性路径	发展性路径	优化性路径

4.2 精英主导与国际视野：北沟村发展路径选择

4.2.1 初始路径选择：乡村精英回流主导下村庄环境改造升级

（1）农业与乡村工业未改变乡村衰败

北沟村坐落于长城脚下，西与田仙峪村山水相连，东与慕田峪长

第四章 "城市—景区"双驱型乡村发展的路径选择

城隔山相望。北沟村内的长城段是在明朝永乐帝时期为了防御北元残军对北方的入侵修建而成的。民国期间,村庄正式建制。1949年后,北沟村村民开展了互助合作、坡改梯田、兴修水利、果树上山等一系列生产建设。20世纪80年代之前,北沟村的果树种植以苹果树、梨树为主。20世纪80年代,因途经北沟村的团结渠出现了断流现象,北沟村没有足够的水源灌溉果树,造成了苹果、梨的产量大幅下降,村民们开始转向栽培板栗树。如今,板栗种植仍是北沟村农业发展的重要组成部分。

20世纪七八十年代,在兴办乡镇企业的政策背景下,北沟村也开始开办村办企业,经营的主要有种植、工业、农副产品加工、建筑、手工编织等项目,这些项目的普遍特点是小型分散、设备简单、易于管理,但是技术水平一般较低。20世纪70年代,北沟村曾兴办过镶嵌工艺品厂,亦称为"贝壳厂",但由于企业未形成一定规模,村民们也没有接受过系统专业的学习,该厂最终难以经营下去。1983年前后,北沟村办起了生产高空作业安全绳和吊篮安全绳的绳厂,绳索也曾销往北京市区、福建、安徽等地,但由于绳索的技术含量并不高,也没有进行生产上的创新,绳厂之后也以关闭告终[①]。20世纪90年代,在城乡同处于改革初期的背景下,乡村工业化模式对提高乡村地域的经济活力和居民收入曾经发挥了巨大作用,但在乡村地区用低成本工业化的办法难以解决乡村问题或难以与城市现代工业化的技术、管理与市场竞争(张京祥 等,2014)。北沟村的绳厂、地毯厂、砖瓦厂、琉璃瓦厂也在市场竞争压力下面临衰败的境况,以乡村工业模式主导的乡村转型路径难以为继。1993年,村委会以集体性质开办了琉璃瓦厂,在一定程度上解决了村里的就业问题,促进了村民增收。然而,

---

① 北沟村村志。

"城市—景区"双驱型乡村发展路径选择与形成机制

乡村企业市场竞争压力和极为有限的乡村发展"内生"力量,仍然无法阻止大量青壮年劳动力的外流和乡村景观的持续衰败。

2004年以前的北沟村是渤海镇出了名的贫困村,一方面反映在村内人均收入低,另一方面表现在村内基础设施的缺失与不完善。北沟村缺乏发展的有效路径,从而体现为乡村发展的动力不足,并呈现建设主体缺失、土地废弃与空置、环境污染与破坏等"乡村病"。显然,乡村农业与工业未能使北沟村得到相应的发展,果树种植与乡村产业的作用效果不显著。北沟村背靠长城景区的地理优势并未得到较好的利用,村庄亟须走向新的发展道路,以改变乡村继续衰败的趋势。而那时的慕田峪村因为有了慕田峪长城景区的开发建设,村民的收入不断增加,也成为让周围乡村羡慕的"富裕村"。

(2) 乡村精英回流推动环境整治和文化建设

乡村精英的回流使得乡村重新焕发出新的活力,并在推动乡村环境治理和文化建设上扮演着重要的角色。2003年,在外经商的王全回到北沟村过年,村里破败的房屋、脏乱的环境让他立志改变家乡,之后他放弃经营多年的企业,回村竞选村党支部书记。王全在北沟村实施的一系列乡村治理措施也与其个人生活经历相关。王全曾在外当兵,辗转在外工作,他在外当兵和企业工作的个人经历不仅提高了自身的经济收入和个人能力,也开阔了个人视野,为之后乡村发展和治理工作打下了基础。乡村精英的返乡建设,成为北沟村打破原有乡村发展路径依赖的核心。北沟村一直以农业发展为基础的初始选择便因为王全当选为村支书出现了路径的转变。

村支书首先意识到北沟村背靠着长城资源,乡村的发展自然应该利用好长城资源。

第四章 "城市—景区"双驱型乡村发展的路径选择

"我们背后就是长城,捧着老祖宗留下的金饭碗,我们为什么就不能利用好、发展好?" ——B12-c

"北沟村要想依托长城资源搞旅游开发,第一步就是要开展村庄的环境整治工作,相继完成了道路硬化、太阳能热水器入户、节水龙头入户、污水自来水改造以及秸秆气化入户等多项惠及村民的工程建设。" ——B12-c

乡村环境的改变,不仅体现在物质环境的整治,乡村人文环境的建设也为后期乡村旅游的顺利发展奠定了基础。

"我一上任首先就组织全村撰写《村规民约》,立规矩。" ——B12-c

"北沟村的《村规民约》都是大白话,我们能做到的写上,做不到的一句不写。谁分工负责的,就谁去写谁管理。班子写好了以后,让党员、村民代表、户主一条一条反复讨论,如果做不到,可以提修改意见,如果合理也能做到就签字。" ——B12-c

北沟村的村委会亦加强了对村民行为的规范,以推动村庄的社会关系建设,包括环境卫生管理、畜牧和宠物养殖管理规定、人口与户籍、房屋出租、新建房屋与翻建房屋、承包合同、开发与征地、村内治安维护、纠纷调解、公共基础设施管理与维护、护林防火、防汛、信访上访、计划生育、工伤以及精神文明建设等[①],主要体现在环境的保护与整治、土地的利用以及人际关系等方面。

乡村精英不仅本身具备发展的眼光,将个人的能力和乡村建设的主观能动性激发了出来,在村中树立了威信,同时也将个人的能力转化成北沟村乡村组织的能力。

"有一个好的领导班子对乡村发展非常重要","(北沟村)走到了

---

① 北沟村《村规民约》。

今天是怎么一个过程，第一个要说的就是有一个好班子，……因为我们这班子我就没变过"。——B12-c

在乡村熟人社会中，乡村精英在社区集体行动中发挥异质性效用，也能激励和带动村民参与公共产品自主供给（胡拥军 等，2008）。2005年，北沟村大力对北沟村内物质空间进行整治时，他便发动村内的党员干部签订承诺书、承包卫生责任区，并且每天坚持带头打扫卫生，做好示范作用。村支书将北沟村乡村建设发展总结为七个方面，包括"良好的村委组织、好的党员队伍、基础设施建设、环境建设、严格的村民管理、产业发展以及村民的素质教育"——B12-c。为了使纸质《村规民约》转变为村民行动，北沟村将《村规民约》印刷成书人手一册，且每个月初广播宣讲，又制定了"遵规守约承诺制度"配套实施①。此外，村委会代表设立严格的奖惩机制，并根据以往的经验，对不遵守村规的村民实施收费，"之所以说'收费'，是因为说'罚款'会导致民怨，最后更不利于处理问题"——B12-c。村支书指出，"实行《村规民约》后，村民之间鲜有纠纷。村规民约让村民的行为规范有了对照检查和自律表，纠纷得到有效预防"——B12-c。2010年，北沟村的村庄治理取得了一定成效，成了"全国民主法治示范村"②。

乡村精英人力资源的不断投入，不仅促进北沟村的环境整治、文化建设，同时人力要素也促进了资金要素的流入。2007年，北沟村争取到了怀柔区唯一一个国家级生态示范区工程项目，为北沟村的乡村建设和环境整治提供了资金支持。村委会利用资金完成了10项工程，如地下管道、排污设施、自来水、建设水池、修观光步道、垒坝阶、绿化修路等，彻底改变了北沟村的整体面貌。村委会组织全体村民建

---

① 北沟村内部资料：源头治理 和谐花开。
② 北京市司法局. 我市十个村荣获第四批"全国民主法治示范村"荣誉称号。

村级公路，改善交通基础设施；修建深水井，提高村民饮用水卫生标准；建设汲水池60个，为果园林地提供浇灌水源；在公路两旁和村内花坛栽种各种花草，实现道路绿化、美化；积极申请京郊无线上网入户试点，90多户村民享受财政补贴安装了计算机，北沟村成为京郊无线上网第一村[①]。这些变化都源于乡村精英回流乡村，完成了北沟村乡村发展的初始要素的积累。

北沟村的位置虽然距离慕田峪长城景区有一定距离，但是景区的开发与游客的增加让北沟村看到了传统农业发展路径和单纯依托城市发展路径之外的路径选择的可能性。北沟村的土地仍然沿袭传统农业主导的使用方式，其他村集体建设用地也因为原有乡镇企业经营不善而闲置。慕田峪长城景区建设所提供的就业机会主要被慕田峪村村民获得，慕田峪长城景区开发建设后向周围村庄提供的直接跟旅游就业相关的资源极其有限，北沟村想要依托景区发展相较于慕田峪村需要更多的人力甚至时间投入，也需要承担更多的风险。分析北沟村的劳动生产要素，发现本村精英的回流，拉动了北沟村倾向于依托景区的乡村旅游发展的路径。但是，北沟村并没有在初始阶段直接依托慕田峪长城景区发展，而是选择了依托景区发展的大方向之后，具体从环境设施改造开始，为未来可持续发展积蓄力量。从生产要素分析来看，北沟村这个阶段的土地还未进入旅游化利用阶段，资本主要投到了环境设施的改造提升中，为村庄未来多元发展路径的选择提供了环境基础和弹性空间。

4.2.2 二次路径选择：农业乡村依托长城景区跨越式发展

21世纪初，在国际旅游发展的带动下，国内旅游发展十分迅速，

---

① 村内部资料：北京市怀柔区渤海镇北沟村党组织引领发展报告。

"城市—景区"双驱型乡村发展路径选择与形成机制

旅游业呈现出景区大跨度长线旅游和城市圈旅游两种格局,特别是城市居民成为城市圈旅游中进行短期观光、休闲旅游的主体(王云才等,2000)。北京市交通网络建设不断完善,汽车保有量不断增多,自驾游兴起,也推动了北京郊区旅游的发展。在此阶段,国家也在统筹城市和乡村发展一体化,希望通过对新农村建设的政策推动城乡之间的互动。正是基于这样的外部大环境,北沟村在 2005 年前后完成了乡村环境的整治,村支书又有意识地利用长城资源引导乡村走向旅游发展的道路。北沟村的环境整治成果成为构建乡村新的发展路径的初始界面,北沟村物质环境的提升,也开始为村庄吸引外来投资。

(1)外来资本带动乡村休闲旅游发展

2006 年,已经在慕田峪村安家,并且拥有较高人气的小园餐厅的 S 夫妇,"在附近村庄转悠"时看中了北沟村在村口的六间无人居住的衰败老房子,这也成为"国际村民"和北沟村之间最初的要素连结。这样的破旧房屋在村民看来没有任何价值,却成为外来投资者眼中的"中国北方乡村典型象征",这也是北沟村的第一个闲置农房被"旅游化"利用的典型案例。因为投资者人力要素的投入和资金的注入,这些闲置农房被精心设计成了对外经营的小面馆——小庐面。"小庐面"很快建成营业,S 夫妇和北沟村也在有了一次合作后,迅速和村集体一拍即合。2009 年,S 夫妇将"破败不堪"已经废弃的砖瓦厂租赁下来,打造成为不同于北京郊区普通民宿的乡村遗产酒店——瓦厂酒店,这一酒店的落成成为北沟村二次道路选择重要的岔路口。S 夫妇把自己原来在慕田峪村小园餐厅的一些理念和做法延续到了北沟村瓦厂酒店。此后,S 夫妇以瓦厂酒店作为主要经营场所,同时在北沟村、慕田峪村、田仙峪村均有他们租赁并改造的民宅。S 夫妇在北沟村投入了人力和资金,经过精心设计施工,运用其创新能力将破旧的砖瓦厂改造成为洋溢着艺术气息的乡村酒店,瓦厂酒店也成为北沟村最具

第四章 "城市—景区"双驱型乡村发展的路径选择

代表性的建筑物之一。就建筑及景观方面而言,瓦厂酒店利用了琉璃瓦厂原有房屋结构和砖瓦,用琉璃瓦片铺路和盖瓦,将院落、宅院以及菜地组合形成乡村精品酒店,其规模较一般客栈大,既采用现代化设施以及现代城市室内装修设计风格,又融合砖瓦厂本身建筑材料及文化特色,与村庄民屋形成鲜明对比[1]。北沟村的一个因经营不善而废弃的砖瓦厂经过外籍人士的设计改造,成为一家艺术气息浓郁的乡村遗产酒店,将具有"中西结合"特色的建筑引入北沟村。而瓦厂酒店最大的特色是在酒店的房间内或者酒店院落内,可以直接看到长城景观。酒店改造之时,S夫妇的"开窗观长城"设计理念和改造与本地村民对房屋的风水理念产生了极大的矛盾和冲突。长城景观在村庄的北面,要想在酒店中能够非常清晰地看到长城景观,就需要"开北窗"。而北沟村是传统的北方乡村,村庄建设严格遵守坐北朝南的建制,北面不开窗户。同时,村民一直以来对土地划界有所规范,遵循不同村民房屋之间保留50厘米滴水的位置,而瓦厂酒店的房屋设计打破了这一传统。瓦厂酒店建设之初,不断与村民协商,引起村民一定程度的不满,最后还是村支书出面协商保留了这样的设计。随着到瓦厂酒店住宿的旅游者不断地增多,村民见到了市场对于这种理念的认可,也逐渐接受了这样的设计理念。作者在北沟村调研之时,发现村里的好多家民宿甚至在自己家的房屋的设计中采用透明的大窗户、观景阳台等,为的就是能够把长城景观利用起来。

从发展初始阶段的环境整治,到吸引外籍经营者租赁村屋进行改造,外来资本不断注入也推动了北沟村旅游发展。北沟村的发展和瓦

---

[1] 龙虾旅游,美国人租下污染严重的琉璃瓦厂,把它改造为长城脚下精品民宿 http://k.sina.com.cn/article_5901595171_15fc33223001003yuh.html?sudaref=www.so.com&display=0&retcode=0[2023-12-12].

"城市—景区"双驱型乡村发展路径选择与形成机制

厂酒店也相互增益,越来越好的村容村貌逐渐吸引了越来越多的外国友人前来。外国人的入住,不仅让村里十余名农家妇女在村里实现了就业,也带动了全村旅游业的发展。北沟村并未经历初级的粗放式观光旅游发展阶段,直接跨越式迈向了休闲度假旅游产品的打造。此外,无论是北沟村本村村民还是外来的投资者,对旅游资源的认知和开发都随着旅游产业的发展而不断发展和深化,在新的旅游市场环境下对旅游产品有了新的认识、思考和创新能力,也吸引了新的客源市场。这个阶段,北沟村的发展与长城资源景观、慕田峪长城景区的关联效应越发紧密。同时,北沟村乡村路径的发展也依靠北京城市的发展和观光旅游的蓬勃兴起,形成了一定的规模集聚,带动了北沟村的乡村区域经济增长。

(2)乡村精英引导村民发展民宿经营

乡村精英既是社区关系网络的连接者,也是外部网络资源的拓展者(李军,2006)。王全意识到民宿经营是一个促进北沟村发展的机遇,于是他组织村民参观改建房屋,介绍改建房屋的结构特点。此外,外来经营者在北沟村的置业也为乡村治理提供了一定的资金来源,故村委会在一定程度上支持外来者的进入与投资。在乡村旅游发展过程中,以王全为代表的政治精英也重视把握旅游者、经营者及村民等各方权利主体需求并协调好各主体的关系。王全则作为社会关系网络的连接者和外部网络资源的拓展者,鼓励村民学习外籍人士改建房屋的做法,将北沟村的村民推进更大的、更开放的社会网络中,村民对外的信任度提高,更有利于乡村内外的合作。北沟村位于距北京市中心40~100千米圈层内,而该圈层是北京市环城游憩带发展比较活跃的区域。随着城市基础设施不断完善,城市居民出游距离增加,这一区域将逐渐成为北京市城市游憩空间发展的重点区域(李仁杰 等,2010)。随着自驾游游客的增多、交通日益便利,为推动北沟村旅游

第四章 "城市—景区"双驱型乡村发展的路径选择

的可持续发展,村支书王全学习借鉴外籍投资者的设计、规划和经营理念,开始带领大家打造一批展示京郊民俗、以健康时尚为主题的农家院。2009 年,村集体以调整产业结构、发展产业经济为目的,成立了"北旮旯乡情驿站餐饮有限责任公司",并投资建设了集绿色蔬菜种植、虹鳟鱼养殖、特色民俗餐饮住宿、土特产品和文化饰品展销于一体的农家院——"北旮旯乡情驿站",通过集体餐饮业带动村级民俗旅游发展,形成一个完整的民宿旅游的产业链[①]。

(3) 外籍经营者与本村村民的社会文化互动

外籍经营者与本地村民之间的互动也构建了彼此之间的社会关系网络,为乡村旅游的进一步发展打下基础。S 夫妇利用北沟村闲置的集体土地和废弃的厂房等资源打造乡村遗产酒店,不仅为村民提供了就业机会,也在无形中扩展了村民对旅游发展的认识、对中国传统乡村文化的保护和传承,国际游客的到来,也为村民打开了看世界的窗户。S 的妻子也提到:

"我们花了很多心血培养员工,中西餐啊,像我们这的普通的服务员就是当地的人,然后我们用了当地的厨师。我觉得这是很值得我们骄傲的地方,不是中国每个小乡村都有这个机会,我们也感到很荣幸能够到这来,当地农民能够认可我们,允许我们继续生存下去,我觉得这是核心社会必须要有的最基本的。我们还挺努力的,大家关系挺好的。"

S 夫妇在与村民的社会交往中,逐步融入北沟村的社会网络之中。据了解,S 夫妇在每年重阳节会给村里 60 岁以上老人发红包,以遵守北沟村对长者尊敬爱护的传统习俗,并促进瓦厂酒店涉及的成员与村

[①] 北沟村内部资料:北沟村民俗旅游村经营情况简介。

内长者的和谐往来。此外，瓦厂酒店还通过购买村民手中的豆腐、蔬菜等新鲜食材以扩充自身食材库并在一定程度上为提供货物的村民增加收入。再者，S擅长室内及建筑设计，其为北沟村的村民及其他外来经营者在房屋修筑及室内装修方面提供了一定的建议和帮助。"S是我们这儿最有名的村民。在这里生活多年，他已经和村民完全打成了一片。他对房子这种既保护传统又结合现代的改造手法对我们村成为北京的'美丽乡村'和'国际长城艺术村'功不可没。"

S夫妇也利用其自身的社会交往关系，吸引了许多外国游客前来度假，进而扩大了北沟村的知名度。外籍经营者与本地村民的社会关系网络构建亦是北沟村旅游发展重要的社会资本。

4.2.3 三次路径选择：国际文化村建设向国际休闲度假乡村

北沟村紧邻慕田峪长城，地理位置优越，发展乡村旅游产业的条件得天独厚。除了发展板栗种植、采摘等传统产业外，村支书王全带领村民逐步推进民俗旅游发展。一方面，作为乡村政治精英的王全也重视对乡村产业的培育、充分利用社会资源、宣传现代观念和推动社会合作。外籍人士到村投资、居住和改建民宿让瓦厂酒店的经营模式也逐渐得到当地许多村民的认可。

另一方面，以S夫妇为首的外来经营者与村民之间存在文化认同上的差异，使之在日常生活实践当中存在一些矛盾，而这种矛盾亦是不同地域文化不断冲突和交融的过程。外来文化和本土文化之间的冲突首先体现在空间实践层面。随着游览慕田峪长城的游客人数逐渐增加，长城景区周边的住宿场所的景观观赏性需求增加，村民也开始接受瓦厂酒店模式，纷纷效仿"开北窗"的做法。除瓦厂酒店不符合北沟村传统习俗的做法引起外来文化与村民本土文化冲突外，村民在乡

第四章 "城市—景区"双驱型乡村发展的路径选择

村传统熟人社会中的"串门"习惯以及对瓦厂酒店的参观也影响了瓦厂酒店的经营,也导致两者之间出现矛盾。因此,瓦厂酒店严格限制非住店客人的参观,通过在酒店外墙粘贴"闲杂人等不得入内"的标识、村民需提前告知方能入内、村民可通过进入员工通道告知内部人员获得进入等方式调解双方之间的矛盾。可以看出,外来者和村民之间的文化冲突与调适的过程影响和改变了村民日常生活实践,进一步改变了乡村的物质空间和社会空间。

然而,瓦厂酒店模式打破了原有乡村旅游发展路径,而该模式的成功反而又强化了北沟村旅游发展对该模式的路径依赖,村民纷纷新建类似于"瓦厂酒店"风格的民宿,"落地窗"逐渐被北沟村村民采用。瓦厂酒店为村民提供了一定数量的就业岗位,在瓦厂酒店内有工作经验的村民会将其在瓦厂酒店学到的行业知识运用在自家民宿上,亦推动了村民对瓦厂酒店模式的接纳。在其影响下,北沟村村民陆续将村内闲置或废弃住宅对外出租,带动了北沟村民宿旅游的发展。陆续有 17 户来自美国、加拿大、荷兰等国家的外国投资者以 10 年、20 年不等的租期租下民宅,之后加以精心的设计和布局,在不破坏整体风貌的前提下,恰到好处地融入西方设计元素,中西结合,在北沟村建造了一道独特亮丽的风景线。以 S 夫妇为首的外籍经营者利用其社会资本在北沟村所进行的经营活动,对乡村环境的改善,乡村社会关系、当地村民生活生产方式的改变以及乡村土地利用类型的转变等方面皆有所影响。在乡村旅游经营方面,S 夫妇所经营的"小庐面"和"瓦厂酒店"在北沟村乡村民宿风格、乡村景观治理、民宿经营管理方面起到了示范性效应。在村集体、瓦厂酒店的带领和村民民宿旅游持续发展下,北沟村乡村旅游的利益格局基本形成,以民宿旅游为主导的乡村发展路径进一步强化。

从北沟村乡村旅游发展路径的形成发展过程中可以发现,北沟村

"城市—景区"双驱型乡村发展路径选择与形成机制

乡村的发展路径是介于景区导向与城市导向之间的发展路径。长城历史文化遗产是北沟村主要的旅游吸引物,依托临近长城景区的地理优势,北沟村成为许多游览长城的游客驻足的住宿地点。北沟村乡村民宿的发展进而激活了地域资源,推动了乡村实现转型。

随着城镇化的不断发展,城乡之间的二元经济结构和空间分隔状态逐渐被打破,大城市周边的乡村产业结构和功能定位日益多元化(韩非 等,2010)。北沟村位于大城市郊区,市场来源主要是北京市区居民、外国游客等。城市郊区的区位、与城市迥异的人文风光和民俗是北沟村成为城市游客前往休闲度假好去处的导向因素。

北沟村在乡村旅游发展过程中,在政策引导下,不断申报相关项目,提高乡村的知名度,积极为乡村发展争取资金来源,属于"争取(项目)型"乡村(李祖佩,2013)。2009年,怀柔区旅游局将北沟村定为"国际驿站"新业态,北沟村也在不断发展自己独特的乡村旅游环境,通过融合中国传统文化元素、北京民俗和长城古迹风光与异国风情,提升民俗旅游的品位和档次。

在北京市委十届七次全会中提出建设"世界城市"的目标之后,北沟村也正在向着国际文化村、世界乡村的方向发展。之后,长城国际文化村的设想得到了怀柔区委、区政府的高度重视,并将其作为2010年度怀柔区重点工程申报到市、区有关部门,很快得到了市、区发展改革委的立项支持。在建设长城国际文化村的背景下,北沟村也积极申报相关的项目以获得乡村治理的资金支持,如2012年申请的怀柔区渤海镇北沟村市级乡村民俗旅游村环境与公共服务示范性建设项目。2011年,北沟村被评为北京市最美乡村,同时被评为全国先进基层党组织,在2012年被评为全国最有魅力乡村。北沟村知名度的提高进一步吸引了城市游客前来休闲度假,推动了乡村的发展。王全当选为全国人大代表之后,仍非常关注农村和农民问题。

第四章 "城市—景区"双驱型乡村发展的路径选择

2013年,王全在全国人代会上提出"关于缩小农村村民养老与城镇居民养老差距的建议"和"关于允许合理利用农村闲置建设用地的建议",旨在缩小城乡之间在养老待遇方面的差异和解决农村闲置房屋利用问题。北沟村通过采取房屋使用权流转、房屋出租等方式,将这些闲置房屋纳入当地旅游开发项目中,不仅促进了农民就业增收、优化了乡村空间治理,也推动了北沟村的旅游业发展。

2015年,北沟村按照国家标准化管理委员会对外发布的《美丽乡村建设指南》,以更为严格的硬性指标开展创建美丽乡村工作,在原农业部发布的《"美丽乡村"创建试点乡村名单》中,北沟村入选国家美丽乡村试点名单,成为北京市10个率先按照美丽乡村国家级标准建设的试点村之一。2019年,按照《"十三五"旅游业发展规划》和《国务院关于促进乡村产业振兴的指导意见》提出的建立全国乡村旅游重点村名录要求,文化和旅游部会同国家发展与改革委员会联合开展了全国乡村旅游重点村名录遴选工作,北沟村成为全国乡村旅游重点村。在一系列乡村旅游政策的指引下,北沟村的乡村旅游导向的发展路径不断强化,北沟村先后获得"全国先进基层党组织""全国民主法治示范村""全国生态文化村""中国最有魅力休闲乡村""首都文明村""北京最美的乡村"等荣誉称号,成为远近闻名的国际文化村。

北沟村在长城文化、传统文化的宣传下,其文化建设成果吸引越来越多的外来资本到北沟村进行投资。除了个别按照小规模投资,更关键的是开始吸引大资本到乡村进行投资。如三卅民宿酒店的建设。

北沟村除了可直观欣赏长城景观外,传统文化也成为吸引外来投资的一个重要因素。

"北沟村就是以长城背景做依托,而且在长城背景(的村庄)里面,北沟村算是比较优秀的一个村,这个村有很浓烈的这种传统文化。你看其他村就没有。北沟村对孩子的教育,包括对村民本身的教育,都是在自己的村里面做的;(村民)他们还是很包容,所以说它长年累月接受了那种中国的传统文化的教育,它能够包容到这些东西。"——B04-a

北沟村发展路径选择如表4.2所示。

表4.2 北沟村发展路径选择

乡村发展要素		初次选择	二次选择	三次选择
景区的驱动表现		工作机会 旅游经营	乡村遗产酒店开发 乡村旅游业态丰富	民俗发展 民宿、餐饮发展
城市的驱动表现		精英回流 乡镇产业发展 少数城市资本流入	城市居民到村里就业 城市资本投资乡村酒店建设	酒店、民宿接待城市居民 城市文化进入
乡村生产要素	人力	本地村民+乡村精英	本地村民+乡村精英+外来人员	本地村民+乡村精英+外来人员
	资本	本地资本	本地资本+外来资本	本地资本+外来资本
	业态	传统农业种植+乡镇企业生产	酒店+餐饮+民宿	乡村精品酒店+民宿+精品餐厅
	土地	农业用地+工业用地+商业用地	农业用地(减少)+商业用地(增加)	农业用地(减少)+商业用地(增加)
收入水平		收入较为稳定	收入增加	收入进一步增加
关键机会		乡村精英回流	外来资本和外来人才的进入	国际文化村的建设
路径性质		探索性路径	发展性路径	优化性路径

第四章 "城市—景区"双驱型乡村发展的路径选择

4.3 从传统生计到多元发展：田仙峪村发展路径选择

4.3.1 初始路径选择：从传统农业转型水产特色养殖

（1）农业种植为主的起始发展和延续

农业是传统农村的第一大经济来源，追溯田仙峪村村庄发展历史，其村民世代以农业为生。田仙峪村拥有较好的自然条件和土地资源，龙潭和珍珠泉两大天然泉水发源于田仙峪村，村庄的水资源十分优渥。田仙峪村的地势平缓，拥有充裕优质的水资源、富含养分的土壤，使得田仙峪村的农林业发展得到充分保障。村内林地覆盖率高达90%，村内板栗种植产业有400多年历史。除了板栗种植，村民曾经还尝试了多个品种的种植。

20世纪80年代，中国引进西洋参栽培技术获得成功。北京市怀柔区属于暖温带半湿润半干旱季风气候，适宜的气候、土壤等自然环境使其成为我国的西洋参种植区之一。田仙峪村村民也曾种植了一段时间，但由于西洋参的产量不高，经济效益较低，村民的种植未形成一定的规模。随后，村民转变土地的利用方式，改种糖梨和核桃，并将林地种植改为板栗和核桃。至20世纪90年代中期，板栗逐渐取代了核桃成为村民种植的主要经济作物。这两种经济作物延续至今，成为北京市怀柔区经济林市场效益最高的两个果树品种。时至今日，板栗种植依旧是田仙峪村村民的收入来源之一。当年轻一代村民选择外出打工就业，而田仙峪村和周边地区的工作机会也不足以消化本村的剩余劳动力时，部分人力要素仍旧投入到板栗种植当中，特别是50岁以上的村民依旧种植板栗。但随着物价上涨和外部市场冲击，板栗

"城市—景区"双驱型乡村发展路径选择与形成机制

种植带来的收益越来越不能满足村民的经济需求。田仙峪村乃至怀柔区的板栗种植，只能维持很低的收益，扣除农药、管理等成本，每户的板栗种植年收入为5000元到50000元。到2019年，仍在种植的作物仅剩下板栗，这也是大多数留守村民的主要经济来源。

（2）水产养殖的机遇和兴起

田仙峪村除了发展农业这条主要路径，与其他邻近乡村最大的不同在于拥有优质而丰富的水资源，这样的自然资源成为吸引技术、人力和资本要素流入的主要原因之一。1983年，田仙峪村因为其特殊的自然环境，特别是优质的水资源被北京市水产科学研究所选中，在水源地附近建设了第一家水产养殖场——顺通虹鳟鱼养殖中心。普通鳟鱼养殖是一项高投入、高产出的产业。其流水集约化全人工养殖方式是工厂化养殖的初级形式。流水养殖设施及全价配合饲料是其高投入的主要内容，单位劳动力的高产出及产品的高价值是其高产出的主要体现（王昭明 等，2003）。北京市水产主管部门和各区县水产部门，积极制定《北京市山区渔业资源开发利用规划》，从政策、资金、技术上对养殖户提供支持和帮扶（黄燕平，1998）。顺通虹鳟鱼养殖中心最初定位为虹鳟鱼育苗、科研和水产养殖，通过资本和技术要素的带动，使其成为整个田仙峪村虹鳟鱼养殖的源头，将田仙峪村的土地、人力要素都带动了起来。田仙峪村成为北京市怀柔区虹鳟鱼养殖的第一个村，也因此使得"怀柔虹鳟鱼"享誉北京城。

田仙峪村养殖的虹鳟鱼主要是供给北京市城区内的高档餐厅。据村民回忆，"当时市价不菲，20世纪80年代时最高可达60元/斤"，即使这样高昂的价格，仍然受到了高消费城市居民的青睐。虹鳟鱼养殖成为山区农民因地制宜、开发冷水资源的发展道路，也成为山区富民工程之一。养殖中心的成立，不仅解决了一部分村民的工作问题，也为田仙峪村后续发展对虹鳟鱼养殖业人才的培养、人力要素的吸引和资本的投入奠定了基础。

田仙峪村虹鳟鱼养殖中心的建设时期，正好也是慕田峪长城景区开发之时。当时经国务院批准，慕田峪长城修复工程于 1983 年 3 月 17 日正式开工，主要是在慕田峪村的部分（慕字 1 号敌楼至 14 号敌楼以西的北铺房），修复了以慕田峪关为中心，总长 2000 米的城墙、敌楼、铺房楼，田仙峪村内的箭扣长城段并不在修复之列，乡村的发展并没有直接与慕田峪长城景区甚至与长城旅游资源产生联系。慕田峪长城景区的开发和开业初始阶段并未直接给予田仙峪村发展机会。从区域位置来看，田仙峪村在案例地四个村中距离慕田峪长城景区最远，虽然总体上属于长城国际文化村范围，但很难直接从景区的发展中获益和改变乡村发展的路径。

在乡村发展的初始阶段，田仙峪村依托水资源优势和外来投资的契机开始从传统农业种植转型走向特色养殖产业发展路径。从劳动力、土地和资本要素的配置和流动方向上可以看出，田仙峪村在初始发展阶段选择了依托城市的发展路径，收到了来自城市资金、养殖技术和人力的投入，乡村走上了投入产出更加明确的特色养殖产业之路。通过虹鳟鱼养殖产业的发展，田仙峪村的经济也逐渐走出传统农业的困境，实现了对来自城市的精英人才、资金的吸引和利用。在这个阶段，慕田峪长城景区发展带来的机遇对田仙峪村而言，更像是"看得见却摸不着"的机会，村民们希望脱贫致富，但是未认识到要和随时可见的长城做链接，这也是在慕田峪长城景区开发之初，田仙峪村未能在发展路径选择中获得优势的主要原因。

4.3.2 二次路径选择：从单一水产养殖到多元乡村旅游业

20 世纪 90 年代，田仙峪村经济发展陷入瓶颈，村内靠糖梨、板栗等经济作物种植获取收益仅能保障村民的基本生活所需,但是对村民的经济收入提升不大。面对消费水平的提高和村民经济收入低下的情况,以村委会成员为代表的政治精英决定谋求新出路。前期顺通虹鳟鱼养殖中心为村民提供了就业机会,也为村里带来了技术要素和人才要素的投入。虹鳟鱼的养殖和销售吸引了北京市区的市场,让田仙峪村在寻求发展道路之时开始偏向依托于城市市场发展的路径选择,决定尝试发展虹鳟鱼水产养殖业。

(1) 虹鳟鱼水产养殖繁荣

怀柔虹鳟鱼养殖在 20 世纪 90 年代已经成为京郊渔业养殖的主力。自 20 世纪 80 年代,北京市在怀柔、房山、门头沟等 6 个区县陆续建立虹鳟鱼养殖场 9 个,养殖水域面积约 12853 平方米。经过 10 年的发展,怀柔虹鳟鱼养殖发展到了 3300 平方米,成为虹鳟鱼苗种基地及技术服务中心。在那时就开始出现周末京郊垂钓度假形式,带动了周边农民通过养殖、垂钓和销售增加收入,成为怀柔特色产业之一(黄燕平,1998)。

1996—1999 年,政府和村委会对田仙峪村虹鳟鱼产业的鼎力支持,使得虹鳟鱼打开北京市场。此后,村委会干部看到了养殖虹鳟鱼发展的前景,遂决定利用村集体用地修建鱼池。1996 年,村集体利用集体用地开挖第一个鱼池。而后,村集体先后利用集体用地先后修建了 4 个鱼池,1999 年修建了第二个,2000 年修建了第三个和第四个。1999 年开始,虹鳟鱼养殖开始吸引村外资金进入,除了第一个鱼池是由本村村民自己租赁,后面的 3 个鱼池都陆续外包租赁给村外来的投资者。村集体的修建也影响着村民的行动,有村民开始提交申请,利用自家原田修建了后续的 10 来个小鱼池。虹鳟鱼养殖虽然不是村集体产业,但是利用村集体用地修建好鱼池租赁,也增加了村集体的收入。

第四章 "城市—景区"双驱型乡村发展的路径选择

"村集体挖的鱼池最初也由村集体经营过一段时间,但是由于收益不行,也没有人全心全意弄,最后就干脆租了。……第一个(鱼池)是1996年租(给本村人)出去的,第二个是2003年前后租(给村外的人)出去的……"——T18-e

2003年非典疫情结束后,北京市旅游进入了迅速发展时期,城区周边的乡村旅游也迎来了发展的黄金时期。更多北京城里人甚至河北、天津的食客慕名前来怀柔田仙峪村,只为一尝美味。从这年起,田仙峪村的虹鳟鱼养殖已经树立了一定的品牌,村民自主投资和村外资金都开始进入田仙峪村,渔业养殖进入了繁荣时期。除了以村委会为代表的政治精英引领乡村发展外,村民中接受过良好教育的技术精英也开始投身虹鳟鱼养殖,对田仙峪村产业升级转型和经济发展作出贡献。除了顺通虹鳟鱼养殖中心,卧佛山庄也是虹鳟鱼养殖的大户。卧佛山庄的创始人曾是顺通虹鳟鱼养殖场的科研人员,其向村委会租借集体用地,租下了鱼池周边的40多亩林地。从1998年起,卧佛山庄便开始为北京市区内的高档餐厅(如北京饭店等)供应虹鳟鱼。卧佛山庄经营者痴迷养鱼,自掏经费对虹鳟鱼进行科学研究,改良虹鳟鱼养殖技术、培育新的鱼苗,1996—2012年先后获得两个国家发明专利。而卧佛山庄自主研发改良后的虹鳟鱼比普通养殖户的鱼,肉质更鲜嫩;虽然价格比普通虹鳟鱼翻了一倍,但仍然吸引众多顾客慕名前来。2013年,卧佛山庄新增投资700万元对虹鳟鱼养殖鱼池进行扩建,在田仙峪村村口的渤泉河下游新建了一个虹鳟鱼养殖场,卧佛山庄的虹鳟鱼养殖年产量可达10万公斤。

"我们的起步是因为自己家的半亩原田种什么都不长,没有什么收入,我们看到顺通养鱼,我先生就想着在自己家的原田里试试,然后给村里写申请挖鱼池养鱼。最初也没有启动资金,就跟顺通借鱼苗和鱼料，后期再把钱甚至可以把鱼还回去。利用这种循环，我们就慢慢做起来了。……我丈夫喜欢钻研，花了两个8年，研究了两个虹鳟鱼新品种。一个是三倍体虹鳟鱼，另一个是全雌虹鳟鱼，这两个都获得了国家专利。"——T06-b

自2004年开始，村民开始个人承包集体土地修建鱼池进行虹鳟鱼养殖，村里养殖虹鳟鱼的散户也增建了10个鱼池，在渔业养殖的同时开展旅游接待。

当田仙峪村的水资源和土地利用达到饱和，不能满足村中虹鳟鱼养殖需求时，村民开始在北京市周边甚至到河北、山东等地寻找养殖基地，租赁鱼池发展虹鳟鱼养殖。而田仙峪村的虹鳟鱼供给也不能满足需求，周边养殖的虹鳟鱼在其出售之前，会重新运回本村的鱼池，将其打上田仙峪村虹鳟鱼的标签，再销往怀柔区、北京城区及其他地区。

"……有一批人在外地养（虹鳟鱼），但是别人不认可这是渤海或者怀柔的鱼，事实上这种鱼就出这（田仙峪村）……在外地养的（虹鳟鱼）还（运）输回来，都'出口转内销'了，这（田仙峪村的鱼池）都成暂存池了……"——T18-e

（2）多元乡村旅游业发展

1986年，慕田峪长城景区正式对外开放。在田仙峪村村域范围内也有长城资源。其中，受到探险旅游者和户外运动爱好者追捧的箭扣长城段便处于田仙峪村村域可达范围中。这一段未开发长城，也是最初旅游者和老百姓口中的"野长城"，景色旖旎、异常险峻，虽然用普通旅游方式不容易抵达，却在小众特色旅游爱好者群体中有着很高的知名度和热度。很多旅游者通过田仙峪村进入并到达未开发

第四章 "城市—景区"双驱型乡村发展的路径选择

长城段。正是基于田仙峪村不断有户外探险旅游爱好者经过，需要有休憩和吃饭的地方，1989年，村中的第一家住宿接待的民宿开业，虽然经营不足2年后关闭，但这是田仙峪村村民首次试水接待行业。

2000年，时任田仙峪村村支书的郝支书也利用自家房屋改建成田仙峪村第二家民宿，进行旅游经营接待。此任村支书也正是带领田仙峪村利用集体用地挖建鱼池、发展虹鳟鱼养殖业的人之一。田仙峪村旅游接待业的开端和这位鼓励修建养鱼池的村委会干部有关，他不仅引导乡村走上虹鳟鱼养殖道路，还利用积累的资金和社会关系，利用自己家房屋做起旅游接待，这是田仙峪村在2000年之后成立的第一家民宿，也是田仙峪村继首家民宿开业时隔10年后的第二家民宿。这样的举动让更多的村民开始意识到发展旅游接待的前景。此时，村里开始有虹鳟鱼垂钓和餐饮业的出现，也为民俗接待带来了一定的机遇。但第二家民宿在村中的位置不邻主道，较为偏僻，"没有人领着走难以到达"。而当时的住客来源主要是熟人介绍和路过的游人主动咨询，经济收益不高，后来郝支书将旅游接待关闭，全力进行虹鳟鱼养殖。

"……第二家（民宿）是我们家，当时我也有养鱼给城里送鱼，就觉得民宿有得赚就开始做了，只不过我们家位置比较偏不占优势，做了两年就不做了。"——T12-c

从严格意义上说，田仙峪村旅游接待始于2000年的第二家民宿的出现。在乡村精英的带动和影响下，随之第三家至第七家民宿的出现，使得田仙峪村成为怀柔区第二个民俗旅游专业村。当时，北京市对民俗旅游专业村有政策性经费补贴，专门用来规范民俗户管理与宣传。补贴经费直接下放到村委会由专人管理，部分经营民宿的村民曾

"城市—景区"双驱型乡村发展路径选择与形成机制

要求均分补贴经费,但是村委会严格按照规定使用经费,并没有提前下发经费给村民自用。田仙峪村中的第三家民宿"田仙古槐"自2002年开始经营至今,其经营者吸取了在第二家民宿接待帮工的经验后,利用自家房屋改建开始了旅游接待。由于其房屋位于村主路和村中心位置,具有天然的区位优势,加上经营者用心经营,至2019年,这家民宿仍然是村民个体经营中的佼佼者。而村内其他经营者在发展过程中,有的因经营不善无力支撑或者已经在村里或城里寻找到新的就业方式,可以获得更高的报酬,从而关停自家旅游接待经营。

随着环城市游憩带的不断发展,北京市郊区的休闲旅游市场需求也在不断扩大,田仙峪村中虹鳟鱼养殖户在原有的纯养殖基础上,从单一的虹鳟鱼水产养殖功能逐渐向水产养殖、餐饮和休闲多功能发展。"怀柔虹鳟鱼"品牌已经形成,并吸引了北京市城区的市民甚至到北京旅游的游客专程到怀柔,到虹鳟鱼养殖的发源地田仙峪村品尝原汁原味的虹鳟鱼。这样田仙峪村虹鳟鱼养殖户的多元发展更进一步促进了乡村发展,甚至产生了溢出效应。虹鳟鱼养殖户纷纷结合虹鳟鱼养殖做起了餐饮业,开展农家乐。

2005年,卧佛山庄在发展过程中摸索出走集种鱼育苗、餐饮、科研、民宿和休闲于一体的发展道路。此时已经初具规模的卧佛山庄为了在原有的养殖基础上开展农家乐业务,在山庄内部空间中建造了田仙峪村中第一幢占地800平方米的主楼,可容纳近100人住宿和用餐,也成为田仙峪村第一家兼营餐饮业务的虹鳟鱼养殖场。村内其他新开发的虹鳟鱼养殖场也纷纷学习卧佛山庄的模式,逐渐走上渔业养殖和餐饮、农家乐多元的发展道路。田仙峪村开启了从单一水产养殖发展到多元乡村旅游的发展路径。就田仙峪村而言,卧佛山庄的开拓者便是典型的文化精英和技术精英。

第四章 "城市—景区"双驱型乡村发展的路径选择

此后三年间,借助乡村旅游休闲度假市场的红火,卧佛山庄也呈现爆发态势。最好的时候一天餐厅翻台最高可达286桌。很多人远道而来,从中午等待到下午,只是为了在此尝到卧佛山庄的虹鳟鱼,"可以说这是当之无愧的网红店了"。——T06-b

2010年"长城国际文化村"开始启动,田仙峪村的餐饮业和住宿接待业也紧抓发展机遇,因为有虹鳟鱼品牌的助力,乡村旅游发展一直处于上升态势。虽然长城国际文化中的"国际文化"并没有很深刻融入和影响到田仙峪村,但是其带来的旅游市场是不容小觑的。

"长城国际文化村这个2007年就正式成立,开村仪式在2010年,那时候只不过是一个概念性的东西,然后想打造这么一个(四村联合的)整体的环境,但是这些年无非就是从基础设施,还有宣传上一直在做。但是真正成型的国际文化效果,也看不出来……国际文化,无非可能就是外国人过来旅游了,但是这和过去(外国游客到来)还是一样的情况,(在文化影响上)并没有明显变化。"——T12-c

田仙峪村从单一的水产养殖到多元旅游化经营,不仅基于本村资源禀赋,也依靠村内精英带领。不仅有经济精英和技术精英的介入,即顺通虹鳟鱼养殖场的虹鳟鱼养殖经验传授,也有政治精英的决策和引领——村委会决定开发村集体用地进行虹鳟鱼养殖,将村集体的土地要素和人力要素投入虹鳟鱼养殖当中。可见,在田仙峪村发展路径的第二次选择时,除了自然禀赋和投入的土地要素这些路径发展的重要因素,政治精英、文化精英和技术精英对乡村发展与建构也起着关键的作用,这些精英成为田仙峪村发展道路上重要的引领者,促使乡村发展变化和转型。

4.3.3 三次路径选择：从多元乡村旅游业到农村休闲养老

（1）水产养殖业受限到建设休闲养老社区

在水产养殖业的带动下，田仙峪村多元旅游业逐步发展壮大，依托水产养殖的农家乐和民宿业也跟着迅速发展。但随着党的十八大"绿水青山就是金山银山"政策的提出，环保政策的不断加强，从2013年开始，田仙峪村的水产养殖开始逐渐受到限制。随着环境保护政策力度不断加大，虹鳟鱼养殖的发展也开始进入下滑状态，曾经使得村民脱贫致富的产业在新时期成为需要调整和转型的产业。

2016年，怀柔区新出台畜禽养殖禁养区划定政策，田仙峪村在禁养区范围内，村内的水产养殖开始逐步外移并关停。2017年，随着《怀柔区禁养区内规模化畜禽养殖场（小区）综合整治实施方案》（怀政办发〔2016〕56号）的出台，位于北京市禁养区内的田仙峪村的水产养殖池塘（场）陆续关停并且开始清退，依托虹鳟鱼水产养殖的农家乐也因此被迫停止营业。2018年，村里仍有15个渔场在养殖虹鳟鱼。同年，村里为了响应北京市政府号召，再次推进"绿水青山就是金山银山"政策施行，保护水源，所有营业性水产养殖场陆续关停。截至2020年1月初调研，田仙峪村除了历史最悠久最初建立的科学研发基地——顺通养殖中心因科研用途保留下来，其余小散养殖经营性鱼池均已经关停，只是保留了旅游接待设施运营。

"……这几年由于政策影响了发展，像田仙峪村的虹鳟鱼（养殖）这块，包括农业化这块，都没有向前发展，反而是倒退了，就是受到了政策影响，（虹鳟鱼养殖场）一直在清退……"——T10c

田仙峪村在发展旅游接待和乡村休闲养老方面一直有政策支持和奖励。田仙峪村是怀柔区的第二个民俗旅游专业村，而北京市对民

第四章 "城市—景区"双驱型乡村发展的路径选择

俗旅游专业村有政策性经费补贴，专门用来规范民宿管理与宣传。田仙峪村因为民俗旅游的成功，曾获得政府 30 万元的经费奖励。2000年至 2012 年，田仙峪村民宿发展属于自由发展模式，各个民宿按照各自的发展意愿和资源进行发展。这也导致了田仙峪村的民宿产生内部差异，卫生条件、装修风格等不一致，在一定程度上影响了田仙峪村旅游接待发展。

除了水产养殖和旅游接待，营造乡村休闲养老社区是田仙峪村乡村发展的另一条路径。早在 2012 年，北京市就有意发展乡村养老项目，2013 年北京市各区征集意见。田仙峪村一位在渤海镇工作的政府工作人员，出于对本村了解，机缘巧合下向怀柔区文化委员会推荐了田仙峪村，在得到怀柔区领导的首肯后，这位热爱田仙峪村的政府工作人员亲自在本村展开调研，集合村集体的力量，快速形成报告并递交区文化委员会。怀柔区文化委员会工作人员带着这份报告前往北京市区与其他申请者竞争，最终成功为田仙峪村取得北京市首个乡村休闲养老试点资格。

2013 年，田仙峪村成功获得北京市农村养老项目的试点资格。

（2）国奥乡居入驻建设休闲养老社区

2014 年，北京国奥（控股）集团（以下简称国奥集团）入驻田仙峪村，通过流转村中的闲置房产，在该村建成北京首个农村休闲养老式社区。入驻公司——国奥乡居负责管理所有流转的民宅。首批流转院落从 2014 年 7 月开始建设，至 2015 年 4 月建成，2015 年 5 月正式启用，田仙峪村在国有资本的投入带动下进入了休闲养老社区发展的新模式。

2014 年，田仙峪村成立了"旅游专业合作社"，因此获得了 15 万元的奖励，这笔经费同样用以统一全区的民宿改造升级。同年，怀柔区为提升旅游接待水平，迎接 APEC（Asia-Pacific Economic Cooperation，亚太经合组织）国际会议，渤海镇为打造国际高端旅游名镇，特意对渤海镇的四个旅游专业合作社进行培训。田仙峪村的民宿经营者也把握住了这次发展机遇，开始为满足市场个性化需求而进行升级改造。村里配合镇开展"六统一""六规范"工作，通过组织民宿经营者学习规章和上门指导服务，提高民宿经营者的服务意识和质量。"六统一"是统一了民宿的菜单、床上用品、接待着装标准等，并组织开展接待礼仪、服务技巧、特色美食等培训，将民俗培训与地域特色、优良服务与特色品牌完美衔接。

"庄户、六渡河、田仙峪和大榛峪这四个村，2013年、2014年成立了四个（旅游专业）合作社。那时候怀柔区有政策奖励，每家合作社有10万～15万元……我们镇就和密云的古北水镇统一，弄了一个'六统一'，'六统一'的经费都是从这里出，村里统一采购然后分发到户，比如说床单被罩这都是统一的范畴，然后'北京旅游'这四个字也统一做，基本上都是这种样式。"——T12-c

田仙峪村乡村休闲养老社区项目是北京市乡村和新型城镇化改革的重点任务，由政府主导、国奥集团负责投资建设和运营。项目遵循农村闲置房屋的所有权、使用权、经营权"三权分立"的原则，以"农户+合作社+企业"的经营模式，建立起"农民所有、合作社使用、企业经营、政府管理服务"四位一体的运行机制。首先，村委会把有闲置民宅的农户组织起来成立了北京市田仙峪村休闲养老农宅专业合作社，并作为组织负责管理农民、与社会资本开展合作。农民将闲置的房屋流转到合作社，并成为社员取得房屋租金、参与利益分配。合作社在怀柔区和渤海镇政府的指导下与国奥集团开展合作。国奥集团作为投资、经营的主体，通过与合作社合作取得闲置民宅的使用权和经营权，投入资金改造房屋并在田仙峪村中建设公共配套设施（如位于村口的休闲公园），完善田仙峪村的生活服务体系。同时，建立客户准入和退出机制，并吸纳本村村民就业，为田仙峪村提供了19个工作岗位。从2015年国奥乡居项目正式落地后，全国各地有许多发展乡村休闲养老项目的团队过来参观学习，由此也提升了田仙峪村的知名度，吸引了更多的游客前来。

"（国奥乡居）它不是大众消费，对消费群体，它具有一定的针对性的，价格太高大众是消费不起的……它是起到一个示范作用，讲'三权分立'，好多区县包括外省市都上这来学这种模式。"——T10c

2000年至2015年，是田仙峪村旅游业发展的黄金时期，一直呈现上升的发展趋势。从2000年村里第二家民宿的开业，到2015年有28家民宿，既有村民利用自家民房进行经营的，也有外来精英租赁村民民房进行改造的。村民自营的拥有自身优势，第一是不需要缴纳房租，第二是便于管理。外来精英在田仙峪村投资民宿，一方面带来了更多的人才和技术，另一方面也为田仙峪村带来了更多的资源和市场。2015年，标准化的民宿使得田仙峪村的民宿发展变得平庸，缺少竞争力，经营收入减少。这使得民宿经营者反思标准化对其自身发展的局限性，于是开始了个性化的发展。旅游专业合作社也没有强制要求民宿统一，于是善于经营的民俗户开始改造民宿、升级服务。同年，渤海镇牵头引进农商银行，与民俗户进行合作，允许低息贷款最高50万元。

"2015年以后（六统一）就逐渐衰弱，过去'六统一'的主题不提倡了，那时候是因为规范和配置升级，2015年以后要打造一些高品质的，还有一些特色服务的，以前说的'六统一'规格这块就跟现在的（发展）需求不相符合了……随着人民生活水平的提高，大家就有个性化的需求了……"——T12-c

"城市—景区"双驱型乡村发展路径选择与形成机制

"(民宿升级)这些上级有奖励政策,按照上级标准,比如说去年,改造民宿有可能给50万元贷款。"——T10c

2017年,为贯彻落实《2017年北京市农村地区村庄冬季清洁取暖工作方案》文件精神,怀柔区制定了"煤改电""煤改气"补贴政策,田仙峪村在工程实施范围内,经政策补贴后,每个采暖季用电量不超过1万度的用户,电费最低可至0.18元/度。2018年,为了更好地打造田仙峪村的旅游形象和发展民宿业,所有民宿都可申请民宿星级评选,对被旅游行业主管部门评定为银宿级民宿、金宿级民宿的经营单位给予奖励支持。其中,银宿级民宿一次性奖励10万元;金宿级民宿一次性奖励12万元;五星级民俗村最高可给予村委会一次性500万元奖励,奖励资金主要用于景观环境、游客服务设施、智慧乡村等与旅游发展相关的项目建设。这对民宿发展来说既是挑战又是机遇[1][2]。2019年,在怀柔区政府的协调下,农商银行对田仙峪村民宿业主开通了贷款业务,协助民宿改造升级。

从调研可知,2000—2019年,村内登记民宿共有28家,但实际上正常经营的民宿只有14家,有一半民宿只是申办了民宿经营的营业执照而没有实际运行。而从一开业到2019年一直保持经营主体不变的有8家民宿,这些民宿是田仙峪村民宿业的中流砥柱,早已成为"村内精英"。田仙峪村的民宿业发展源于村内精英对经济收入提升的诉求,因市场和政策而兴旺,也因受到市场的冲击而进入发展瓶颈。

"真正经营好的民宿没几家,也就七八家是正常的……就是你想要的民宿,(民宿)十几年能够活下来的,那才是精英!"——T18-e

---

① 《怀柔区促进乡村旅游提质升级奖励办法(试行)》。

② 《怀柔区乡村民宿服务质量等级划分与评定》。

第四章 "城市—景区"双驱型乡村发展的路径选择

截至 2019 年,国奥乡居共租赁了田仙峪村 44 处民宅,因为国奥乡居的销售目标客户有一定的针对性和局限性,故到 2019 年也仅有 20 户长租客户。也有长租客户租下了国奥乡居装修好的房屋院落,不自住,而是委托给国奥乡居进行短租经营。

"我们这也有小业主专门做经营的,就比如说我是国奥乡居,您长租了我一个八号院,然后您再独立运营改成什么小院之类的。"——T13-d

"现在很多年轻人都走了,剩下的都是老人,村子里的老人家就在我们这解决就业。现在我们这有 20 多个员工,就是这里的村民。"——T13-d

"说实话,(国奥集团)进驻对村集体收入的影响是微乎其微的……好处是肯定有的,一个是提升村的知名度,再一个就是促进当地就业,安排剩余劳动力增加村民的工资性收入……"——T10c

国奥乡居是创新的运营模式,既保障村民产权又让城里人享受田园生活。被盘活的乡村农宅,装修风格古朴但不缺现代便利;带动乡村经济发展的同时,也解决了村民就业问题,成为田仙峪村新的发展路径选择。

田仙峪村发展路径如表 4.3 所示。

表 4.3 田仙峪村发展路径

乡村发展要素	初次选择	二次选择	三次选择
景区的驱动表现	影响较小	旅游接待经营初步发展 乡村旅游业态丰富	景区为旅游发展提供基础景观
城市的驱动表现	为乡村提供技术、资金的支撑	城市的各类精英人才进入乡村 推动乡村建设转型 城市资本进入乡村	城市资本的进入推动乡村发展转型升级

续表

乡村发展要素		初次选择	二次选择	三次选择
乡村生产要素	人力	本地村民+城市技术人才	本地村民+外来精英人才	本地村民+外来人才
	资本	本地资本+外来资本	本地资本+外来资本	本地资本+外来资本
	业态	水产养殖+果树种植	水产养殖+接待旅游+农家乐+餐饮	休闲养老+民宿+餐饮
	土地	农业用地为主	农业用地（减少）+商用用地（增加）	农业用地（减少）+商用用地（增加）
收入水平		收入增加	收入进一步增加	收入稳步增长
关键机会		城市水产养殖基地的选择与技术的进入	各类精英的共同作用	水产养殖受限和乡村休闲养老的政策支持
路径性质		探索性路径	发展性路径	优化性路径

4.4 发展滞后到谋求振兴：辛营村发展路径选择

4.4.1 初始路径选择：传统第一产业经济的发展

辛营村是一个有 600 多年的历史的村庄，但从 1933 年才有了比较确切的村志。辛营村初期以家庭为主要单位进行农业生产，乡村呈现出自给自足的传统模式。在集体经济时代，辛营村尝试引进了各种农业生产和加工设备，如手扶拖拉机、碾米机、脱粒机等，有效提高了农业生产的效率，同时也减轻村民的负担。与此同时，辛营村也积

第四章 "城市—景区"双驱型乡村发展的路径选择

极发展林业,大面积种植苹果树和梨树,并设有专门的林业生产队负责管理果园,每年产出的水果销往北京城区。同时,辛营村也发展其他副业,例如养殖100~200头生猪,这一部分产出也作为逢年过节改善村民生活的重要物质来源。可以说,在集体经济时期,辛营村以农业、林业和副业等协同发展,取得了较好的发展,但在后来也呈现出村民劳动不积极、效率逐渐下降和效益不佳等问题,集体经济面临新的考验。

随着改革开放的推进,尤其是农业和农村政策的巨大变化,辛营村于1983年到1984年积极实行家庭联产承包责任制,土地的经营管理由集体经营向个体经营转变,其中果树成为村集体分配的一项重要产品。基于此,村委会开始组织村民进行果树调整,包括置换果树、划定空间位置,实现果树的栽种和管理上的便利。得到更多自主权的辛营村村民生产的积极性显著提高,农业生产逐渐能够满足自身的需要,同时也能够参与到市场化中。果树种植业得到蓬勃的发展,尤其是板栗的种植,由于适合的气候与土壤,辛营村的板栗品质处于全国领先的地位。基于这样的自然条件,又加之20世纪90年代末国家退耕还林的政策号召,辛营村开始大规模种植板栗,在很长的一段时间内,板栗种植业成为辛营村的主导产业。

由于辛营村当地气候资源和土地资源为板栗种植提供了适宜的生长环境,板栗种植在辛营村迅速推广开来,栗园经济成为辛营村在改革开放之后新的发展路径。诚然,板栗种植依靠的是自然本底,资源的支撑是辛营村发展板栗经济的基础。在改革开放之后的较长一段时间里,种植板栗所获得的收入成为辛营村的主要经济来源,也是辛营村发展的路径所在,即是一种基于自身资源的发展模式。根据辛营村的村志显示,近年来,辛营村年收板栗超过5000千克的有2户,全村四分之一的村户年收板栗在3000千克以上。

辛营村的位置在慕田峪长城景区范围之外，虽然总体上属于长城国际文化村范围，但是在长城景区开发和开业的初始阶段并未得到直接的发展机会。辛营村乡村演变的动力与时代的发展密切相关，村庄的发展也受到整个大环境的影响。在辛营村的发展过程中，处于传统自给自足阶段的发展受到整个社会大背景的影响，这也是众多乡村地域发展不可忽视的重要因素。但相对于其他乡村来说，辛营村发展滞后。在慕田峪长城开发的情况下，相关的旅游业发展并不充分，对旅游发展的劳动力、土地和资本投入少。同时，仍存在大量人口外流现象，村内大部分年轻人都前往城里发展，辛营村面临着与全国许多乡村一样的发展困境。基于本土的发展成为乡村首选的发展模式。可以说，社会环境背景成为辛营村发展路径选择的重要限制性因素，同时也很大程度上左右辛营村发展的趋势，导致自给自足发展模式的确定。

从劳动力、土地和资本要素的配置和流动方向上，早期辛营村的发展主要依赖于传统农业种植和集体经济的发展路径。在这个阶段，慕田峪长城景区带来的发展路径对于辛营村的影响并未有很大体现。

4.4.2 二次路径选择：开始谋求乡村旅游发展

在长期以板栗为支撑的乡村经济发展中存在着效益偏低、环境脆弱化等问题，这对辛营村的可持续发展提出新的考验。辛营村也在不断探寻着新的发展道路，在此过程中不断涌现新的经济业态。例如，1984年辛营村自筹资金在村内开设了一家印刷厂，主要承接票据印刷业务。值得关注的是，1983年慕田峪长城修复工程开始动工，慕田峪旅游开发正在如火如荼地进行着。与长城景区相邻近的村庄都积极响应这一难得的机遇，希望凭借着地域的优势发展乡村旅游。辛营村也在这一浪潮下进行着乡村旅游的尝试，以旅游为核心的餐饮业、住宿

第四章 "城市—景区"双驱型乡村发展的路径选择

业以及交通服务业开始发展。1993年,辛营村出现为慕田峪长城旅游提供短途出租车服务的业务。村内的主要负责人也关注到这一发展趋势,承接了部分慕田峪长城的修复工程,同时也致力于配合打造以旅游驱动乡村发展的"长城国际文化村"。在成为以旅游为主导的乡村发展过程中,辛营村尤为关注乡村环境的治理。

"我们主要是环境卫生这一块付出得挺多的。虽说村里边不富裕,但是我们卫生这块现在抓得挺紧。像村的道路这类的,从那个大的停车场那边直接过来的路都修得非常好。"——X01-c

在辛营村近期的发展路径中,社会资本的不足成为影响其无法转变资源依赖的重要因素。自1983年慕田峪长城旅游工程项目开工以来,辛营村开始谋求乡村旅游发展的路径,但截至目前,无论是民宿、餐饮还是交通运输、加工等以旅游为核心的产业都没有外来资本投入,村内的民宿和农家乐大多以村民自建自筹为主。乡村旅游的路径发展如果缺乏资金、人力、技术等的支持,很难实现村内的经济活力再生。

截至2019年,辛营村正式经营的农家院仅有3家。为支持乡村旅游业的发展,怀柔区政府出台"怀旅九条"支持民宿发展,到2019年底,辛营村共有7户人家提交了民宿申请。2019年6月,北京市文化和旅游局公布了2018年北京乡村旅游评定结果,其中辛营村的"北京城边红太阳客栈"被评为五星级民宿,但整体来说,该村的民宿数量偏少、品质也有待提升,但是村内的闲置房屋还是存在的。其他关于乡村旅游的产业也较少在辛营村落脚,"现在只有些个人从外边来租房子的,没有什么搞旅游的。—X01-c"即使辛营村希望通过乡村旅游来振兴当地的经济,谋求发展,但在多重因素影响下,年轻一代的村民大部分都"选择到大城市中工作,许多出去读大学的毕业后也不愿回村工作——X01-c",这使得辛营村的旅游发展仅能依靠年纪较大的群体从事传统的旅游业工作,例如农家院、传统糕点和特色餐饮等。

"城市—景区"双驱型乡村发展路径选择与形成机制

　　乡村建设与发展需要乡村主体的参与，包括乡村精英与乡村劳动力的支持。在渤海镇进一步加强"长城国际文化村"建设的过程中，辛营村的建设发展陷入困境，组织辛营村向以"长城国际文化村"为标志的乡村旅游方向发展是辛营村带头人亟须解决的现实问题。相比北沟村党支部书记王全对北沟村乡村旅游发展所做的努力，以文化底蕴吸引游客、定位精品民宿和常抓村容村貌建设等，辛营村缺乏乡村发展抓手，乡村旅游建设目标落实较为困难。同时，如同全国普遍衰落的乡村地区，辛营村村民外流，使得村内产生不少的闲置房屋，而这部分闲置房屋又得不到再生与利用，导致村内资源的闲置。大量的村内青年劳动力走向大城市、扎根大城市，辛营村发展路径的更替缺乏动力，以传统产业改变当前的发展路径似乎是不现实的。因此，建设主体的外流成为辛营村发展路径定格的重要原因。

　　辛营村发展路径如表4.4所示。

表4.4　辛营村发展路径

乡村发展要素		初次选择	二次选择
景区的驱动表现		影响较小	乡村旅游初步发展
城市的驱动表现		乡村居民外出务工 乡村种植产品的主要市场	乡村居民外出务工 乡村种植产品的主要市场 部分城市居民旅游
乡村生产要素	人力	本地村民	本地村民
	资本	本地资本	本地资本
	业态	农业生产	农业生产+农家乐+民宿
	土地	农业用地	农业用地+商业用地
收入水平		收入增加	收入稳定
关键机会		国家退耕还林的政策号召、果树种植规模化	慕田峪长城的修复
路径性质		探索性路径	发展性路径

分析可见，作为北京市怀柔区渤海镇内的普通乡村，辛营村与周边的北沟村、田仙峪村和慕田峪村在旅游发展上存在较大的差异。辛营村由于缺乏乡村发展的主体动力，存在着人口外流的现象，受限于人才支撑的空缺，使得依托于景区的乡村发展路径并未很好地发展起来。此外，乡村发展缺乏乡村精英的领导与带动，导致辛营村发展无具体可操作的规划与方案，进而使得辛营村在社会资本的引进上处于劣势地位。而在谋求乡村旅游发展的同时，依托于城市市场发展果树种植仍占据主要的劳动力、土地和资本。辛营村发展沿着传统乡村演变的路径，具有较强的发展惯性，需要较强的外力才能破除原有的乡村状态，重构乡村发展的路径。

4.5 慕田峪村、北沟村、田仙峪村和辛营村发展路径的比较分析

第一，慕田峪村选择了"景区主导—城市辅助"驱动型乡村发展路径。慕田峪村的发展全面受到慕田峪长城景区的辐射影响，北京城区也为慕田峪村提供了可靠的都市资源。相比之下，慕田峪长城景区对慕田峪村的发展起着至关重要的影响。

因为有我国旅游发展政策的推动，慕田峪长城景区依托慕田峪长城世界物质文化遗产，凭借得天独厚的旅游资源吸引了中外游客，也促进了周边村庄的发展，促进了人力、资本和技术等在城市与乡村、乡村与乡村之间的流动。从上述四个乡村的发展路径选择可见，慕田峪村是四个案例地中受景区发展最直接也是影响最深的一个乡村。乡村在发展之初，便选择了依托长城景区走上旅游发展道路。土地要素

成为慕田峪村最初参与旅游发展的核心资源，"农转非"的村民为慕田峪长城旅游区办事处提供了人力支持，而其余村民也通过小商品售卖等参与到旅游发展中。村内的土地、人力和资金要素在产业间流动，村民的生产生活方式的转变使得乡村由第一产业为主导转变为第一产业与第三产业共存，第三产业逐渐替代第一产业。不仅是村内的人力资源开始向乡村旅游服务业转变，城市中的人力要素也开始流向慕田峪村，人力要素的流动伴随着资本的流动，促使产业发展和升级。人口流动与资本流动不仅体现在乡村的土地利用类型和乡村景观等物质层面，也伴随着各文化主体的文化交流，外来的国际文化和城市文化与乡村本土文化融合，使得乡村的空间形态与社会关系也发生潜移默化的变化。

从发展实践可见，外来资本的进入无疑是促进慕田峪长城景区乃至慕田峪村发展的关键因素。从长城修复的国内外资金投入到 S 夫妇等外籍人士和国内社会精英的投资经营，再到金融街控股的进入，都在推进慕田峪长城景区的旅游开发与保护、慕田峪村的经济发展和村民生活质量的提升。就旅游服务和产品供给方面，国有企业及外资经营者，通过专业化的管理团队和营销手段，更为细致而精准地把握旅游市场需求，围绕长城景区和长城资源挖掘更多有亮点的商业产品和活动。当然，外来资本不仅帮助了村内闲置民宅的再利用和村民就业，也为村民后期发展民宿提供了直接经验。随着乡村旅游发展程度不断深化，村民对旅游产业经营者的生产活动了解逐步加深，村民开始意识到旅游活动及旅游产品对游客及其他外来人士的吸引力，但国有企业及外资经营者的介入早已占据了一定的市场资源优势，村民的加入相较之下略显吃力。同时，村民受限于其接收信息与文化教育水平，在开设旅游服务及制定旅游产品上竞争力明显不足。然而，村民的空间实践并不会因此而止步不前。虽然村民对旅游文化及商业业态的了

第四章 "城市—景区"双驱型乡村发展的路径选择

解甚微,其能力与财富的积累不足以与外来资本抗衡,但若其成功找到正确的市场、目标群体及自身定位,也具有在旅游业立足的可能。但目前在村民自营民宿缺乏必要行业指导的情况下,很难让村庄的发展形成合力,还不能很好地配合慕田峪景区公司进行统一协调。

政府为支持慕田峪长城景区发展发布的一系列政策为慕田峪村发展的外在影响因素。在政府推动下成立的"长城国际文化村"以及"国际姊妹村"皆帮助慕田峪村提升了其入境旅游市场的吸引力。当村民与其他经营者或国有企业在权益及空间使用等问题上存在矛盾时,政府和公司介入与村庄进行协调,并考虑多方利益相关者的权力平衡问题(图4.1)。

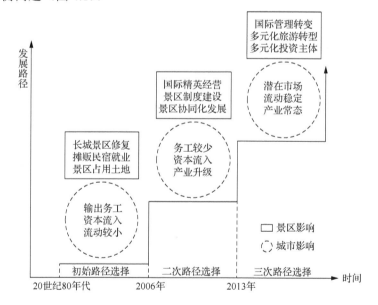

图4.1 慕田峪村发展路径示意图

第二,北沟村选择了"城市—景区"并重驱动型乡村发展路径。北沟村对北京城区和慕田峪长城景区具有近乎等同的资源依赖,两种影响力量在北沟村发展过程中具有较为类似的作用。

"城市—景区"双驱型乡村发展路径选择与形成机制

北沟村的发展起步较晚,原因在于其地理位置较慕田峪村来说相对偏僻,乡村自然资源基础较薄弱。直至 2004 年王全当选村支书开始,北沟村才在可行的发展路径上实现了乡村地域的持续转型。总的来说,北沟村发展路径的具体实践优势可归纳为四个方面(魏明俊等,2011)。(1) 具有明确的乡村建设领导者。在具体的建设中,北沟村形成了以村两委(即支委会和村委会)为领导核心的建设力量,村两委干部在村民思想建设、基础设施建设和引进先进经验和外来资本等方面做出了努力,有力地推动了北沟村的发展。(2) 建构出有效的乡村治理模式。在北沟村的建设过程中形成了一整套的乡规民约,对北沟村的民主自治建设具有长期有效的规范性作用,使得乡村建设的主体能够共同参与到乡村发展的实践中。(3) 为乡村发展注入技术支撑。乡村干部把握互联网时代的特征,将北沟村接入网络时代,培养具备时代网络素质的新型村民,以顺应网络时代的趋势,满足村庄发展和村民致富的需求。(4) 本土元素与外来元素相结合。北沟村利用靠近慕田峪长城的资源优势和北京城区提供的客源市场,发展具有特色的产业,如乡村精品民宿、西方风情酒店等,都对增强地方特色、增加收入和提升地方知名度起到了显著的作用。在综合发展的过程中,北沟村发展路径呈现出多元性,路径依赖不太显著,但也反映出乡村文化保护不足和乡村原真性缺失的问题。

北沟村乡村旅游发展首先是在宏观发展机遇与市场要素推动下发展起来的。而社会资本要素是影响北沟村乡村发展路径形成的最重要的因素之一,其中精英是乡村社会关系网络的连接者和外部网络资源的拓展者,而社会关系网络是资源流动和共享的基本渠道,是乡村社会发展所必不可少的社会资本。就北沟村发展特点而言,最主要的社会资本要素来源于以王全为代表的政治精英和外籍经营者 S 夫妇。为进一步挖掘乡村旅游发展的可能性,以村支书王全为代表的村集体在乡村的文化建设、规划管理和产业带动等方面积极探索乡村的发展路径。北沟村的环境整治、文化建设、基础设施的建设等也必然需要一定的资金支持。北沟村乡村旅游发展前期对环境整治、文化建设等方面的资金投入，也回报于乡村独特的发展路径的形成。依托于长城景观资源，在北沟村优美的人文环境吸引下，越来越多的游客前往北沟村休闲度假，北沟村成为"长城国际文化村"之一。加之在一系列乡村旅游政策的指引下，北沟村成为全国乡村旅游重点村，乡村旅游导向的发展路径不断强化（图4.2）。

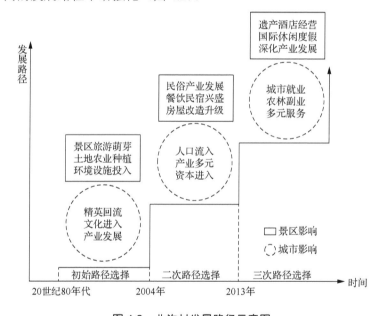

图 4.2　北沟村发展路径示意图

第三，田仙峪村选择了"城市主导—景区辅助"驱动型乡村发展路径。田仙峪村在城市需求、城市资本和城市人才的驱动下走上旅游发展之路，满足北京市的水产需求和旅游需求是推动其发展的重要因素，由此形成了田仙峪村以城市为主导、景区为辅助的发展路径。

2007年，"长城国际文化村"概念正式被提出，促进慕田峪村、田仙峪村、北沟村和辛营村四个村协同发展。2011年，长城国际文化村开村仪式正式启动。但直至 2019 年，长城国际文化村联合发展依旧没有实质性计划、措施落实。该概念的提出，一方面带动了一些外国友人前来投资和旅游、居住，但另一方面各村之间没有真正地协同发展。田仙峪村发展源于自身拥有的优质水资源以及村内精英的领导，外资和社会精英的进入为乡村的发展带来新的希望，政府政策的施行给田仙峪村既带来了希望也约束了发展，市场对田仙峪村的发展是催化剂，既会促进发展也会使发展更快进入瓶颈。值得一提的是，在整个田仙峪村的发展过程中，政治精英、经济精英和技术精英三者起着主导作用，具体而言，政治精英是指村委会、党委会工作人员；经济精英是指卧佛山庄和国奥乡居的投资者；技术精英则是水产养殖的专业技术人员。总之，自然资源是田仙峪村路径发展的基础，满足北京城区需求成为乡村发展的必然选择，外来资源的投入是发展的助力，而政策是农村发展的关键（图 4.3）。

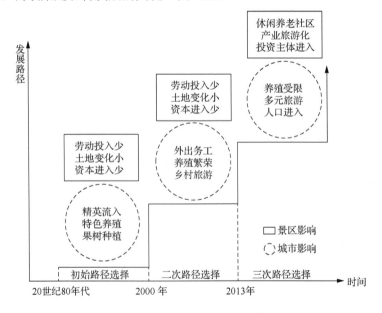

图 4.3 田仙峪村发展路径示意图

第四章 "城市—景区"双驱型乡村发展的路径选择

第四，辛营村表现为"城市—景区"双重弱驱动型乡村发展路径。辛营村长期停留在传统的农业经济发展模式，在对接城市需求和景区发展的过程中失去了先导优势。虽然城市的旅游需求和景区的发展在一定程度上推动了辛营村乡村旅游的发展，但是这两种驱动力量并未在辛营村的发展中呈现出主导作用和主导效应。

与北沟村、田仙峪村和慕田峪村不同，辛营村既不是依靠城市发展的乡村，也未很好地依托景区发展，表现为"城市—景区"双重弱驱动型乡村发展路径特点。在辛营村的发展历程中，经历了传统的自给自足阶段、集体经济发展阶段、果树种植阶段，到目前的谋求乡村旅游阶段。在各个时期，辛营村的发展都呈现不同的特征，其中传统的自给自足阶段以传统农业为主导，受到社会环境的巨大影响，呈现出发展路径的不明确性和脆弱性；在集体经济发展阶段，辛营村以集体发展为方向，形成了以农业、林业及相关副业为主的乡村产业发展路径，并持续了较长的一段时期；改革开放后破除了原有的土地管理体系，使得果树种植成为辛营村主要的产业经济来源；近年来，乡村旅游在辛营村周边蓬勃发展，辛营村也开始谋求乡村旅游发展，但并未获得发展的优势，处于相对边缘的地位。

综合辛营村发展路径的影响因素，社会环境成为左右其发展的重要因素，并在乡村的传统的自给自足阶段成为主要的影响因素。此外，资源本底成为辛营村在集体经济发展阶段、果树种植阶段的主要动力，也是辛营村赖以发展的物质支撑。而在辛营村开始谋求乡村旅游发展时期，社会资本、组织和人口等的不利性增强了辛营村发展路径依赖的惯性，从原有的发展路径向乡村旅游发展路径转变存在较大的难度。外来资本在重构乡村地域空间中起着重要的推动作用，而乡村建设主体作为直接的构建者是乡村发展不可或缺的动力，两者的不足与缺失使得辛营村在改变乡村的发展方向上面临困境（图4.4）。

"城市—景区"双驱型乡村发展路径选择与形成机制

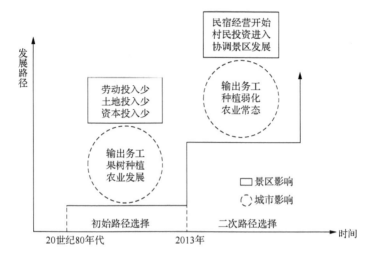

图 4.4　辛营村发展路径示意图

4.6　本章小结

本章对"长城国际文化村"的四个行政村——慕田峪村、北沟村、田仙峪村和辛营村的发展路径进行了田野调查和个案的比较分析；对四个案例乡村的城市溢出影响、景区驱动影响、乡村生产要素变迁、关键机会等进行了历时性考察和分析，得出的主要结论如下。

第一，城市、景区和乡村自身等多元力量共同驱动乡村发展路径呈现出非线性、多元化的发展与演变特征。"城市—景区"双驱型乡村发展在内外部多重力量综合作用下，呈现出复杂的非线性过程以及多元化发展特点，并在同一区域内分化为不同的动态转型过程，形成了区域内差异化、分异化的发展路径。

第二，慕田峪村、北沟村、田仙峪村和辛营村代表了在"城市—景区"双驱影响下的四种不同形式的发展路径，它们分别是"城市主

第四章 "城市—景区"双驱型乡村发展的路径选择

导—景区辅助"驱动型发展路径、"城市—景区"并重驱动型发展路径、"景区主导—城市辅助"驱动型发展路径、"城市—景区"双重弱驱动型发展路径。

第三，慕田峪村、北沟村、田仙峪村和辛营村的多元化发展路径表明，在同样的区位条件下，乡村资源禀赋的细微差异、发展响应的组织方式、能动程度的不同表现和干预机会的有效把握，都会成为乡村发展中的关键因素，使乡村形成不同的发展路径和发展结果。

第五章 "城市—景区"双驱型乡村发展路径的形成机制

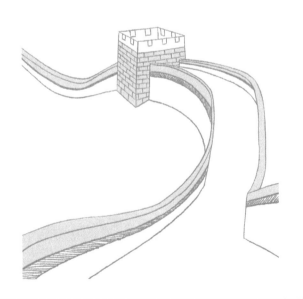

第五章 "城市—景区"双驱型乡村发展路径的形成机制

本书选取的案例乡村发展都受到了"城市—景区"的共同驱动。一方面,北京作为我国的首都和超大城市,其溢出效应对乡村的发展路径产生了深刻影响,例如技术和资本外溢使得北沟村发展路径获得新的机遇,北京也以超大城市的体量为田仙峪村水产养殖提供了潜在的巨大市场,并且成为"长城国际文化村"发展乡村旅游的主体;另一方面,慕田峪长城景区的开发利用、转型升级也带动了这几个村的旅游发展,例如慕田峪村依托慕田峪景区旅游而获得发展机会,北沟村和田仙峪村也因旅游而催生出农家乐、民宿和休闲养老等体验经济。因此,本章内容将聚焦于乡村发展路径的多元影响因素及其形成机制。原则上,这些力量的作用过程难以简单拆分,但是在最初的动因上,乡村的发展路径会跟城市发展或旅游发展产生关联性,同时也存在一定偏倚性,所以本章在论述时也将尽可能做出一些比较和区分,并给出相应的驱动力性质的判断,以期站在"城市—景区"共同驱动发展的视角来剖析乡村发展路径的动态演变特征,进而厘清乡村发展路径的驱动机制。

5.1 城市溢出效应对乡村发展的影响机制

5.1.1 城市居民旅游需求变化:从观光到休闲

旅游作为人类生活中不可或缺的精神消费活动,被世界旅游组织定义为人的一项基本权利,并是人类精神世界获得短暂解放的重要方式(王克岭 等,2020)。随着我国城市经济的发展和旅游产业的日趋完善(张建辉 等,2010),城市居民对旅游的需求也逐渐增加,尤其是大城市地区。案例乡村位于北京市怀柔区渤海镇,其乡村发展路径

"城市—景区"双驱型乡村发展路径选择与形成机制

选择和旅游发展与北京城市的旅游市场关系密不可分。

(1) 乡村旅游成为北京城市居民旅游热点

北京作为全国的政治中心、文化中心和国际交往中心,人口密度大、经济发展程度高,截至 2018 年年底全市常住人口已经超过 2000 万人。随着北京经济、社会的发展,北京城市居民可支配收入和休闲时间增加,使其对旅游需求逐年上升。根据《北京统计年鉴 2019》数据,2018 年全市居民人均可支配收入为 62361 元,人均消费支出为 39843 元,呈现显著的上升趋势。此外,随着"五一""十一"长假,以及清明节、端午节等三天小长假的开启,城市居民将拥有更多的休闲时间。随着人民经济水平的提升,假期时间的增加,城市居民外出休闲和旅游逐渐成为一种常态化的生活方式。《2020 北京旅游统计便览》显示,2019 年,北京城市居民在京旅游人数达 12566 万人次,较 2018 年增长了 16.9%,且在近 10 年来均呈现出人数递增的趋势(图 5.1)。在旅游人数增加的同时,旅游消费支出也在增加。2019 年,北京城市居民在京共创造了 559.2 亿元的旅游收入,同比 2018 年的 478.3 亿元增长了 16.9%。北京城市居民旅游需求总体上呈现出持续的上升趋势,北京城市居民对京郊旅游的需求也在快速增加,乡村旅游成为北京城市居民外出旅游的一个热点。

案例乡村与北京市区的区位仅存在细微的差异。根据百度地图对自驾车线路的测量,以北京城中轴线北端的奥林匹克公园为起点,抵达慕田峪村,车程约 1 小时 14 分钟(距离 65.5 千米);北沟村和田仙峪村距离北京城中轴线北端的奥林匹克公园 65.9 千米,车程均约 1 小时 16 分钟,也是案例地四个村中距离北京市区最远的两个村。而辛营村距离北京城中轴线北端的奥林匹克公园 61.5 千米,车程约 1 小时 6 分钟。辛营村是案例乡中距离北京市区最近的村庄,与最远的村庄相比,有 4.4 千米的距离差、10 分钟的时间差。但是从旅游市场的影

第五章 "城市—景区"双驱型乡村发展路径的形成机制

响来说,市场需求的变化对乡村的影响是同步发生的,并未因细微的时间和距离的差异产生根本性影响。

图 5.1　2009—2019 年北京市居民在京旅游情况

(2) 体验经济影响北京乡村旅游市场供给

体验经济的概念最初是由美国经济学家约瑟夫·派恩(B. Joseph Pine Ⅱ)和詹姆斯 H.吉尔摩(James H. Gilmore)在其著作《体验经济》(*The Experience Economy*)中提出的,指的是以实体物质为载体,并通过服务来现实的、满足人们体验需求的一种经济模式。随着人类整体需求层次的提高,越来越多的群体开始关注体验经济,并从实践中获得身心的愉悦,现实世界的短暂"逃避"和对社会、自然的再认识。随着城市的不断发展,城市居民对于城市中"钢筋混凝土"式的物质空间逐渐产生想要"逃离"的心理,对于亲近自然、感受自然产生由衷的向往。根据中国统计年鉴,截至 2018 年年底,我国城市人口达到了 8.31 亿人,约占全国总人口的 60%,数量庞大的城市居民为乡村旅游提供了巨大的潜在市场。同时,随着全国经济水平的显著提

"城市—景区"双驱型乡村发展路径选择与形成机制

升,尤其是城市经济发展水平的提升,越来越多的城市居民前往郊区进行短暂的度假居住,短期旅游成为城市居民常态化的生活方式。

城市居民旅游需求的变化,也让乡村旅游模式发生着相应的转变,城市居民作为乡村旅游的主体,越来越注重具身性的感受与体悟,乡村旅游的体验经济也呈现出蓬勃发展的态势。再者,乡村旅游在本身设定上就具有体验性,乡村的物质景观、风俗习惯和社会文化等都是乡村旅游体验的重要方面(刘德谦,2006)。在目前的乡村旅游中,精品民宿、乡村农家乐和休闲养老产业等以体验式的消费方式为导向,关注城市居民更进一步的旅游需求,从以往的观光游览式的田园风光欣赏到如今强调参与式、实践性的乡村生活体验。20 世纪 80 年代以来,乡村旅游的体验经济从农家乐餐饮逐渐发展成家庭旅馆、乡村客栈等形式。到 21 世纪,民宿产业作为乡村旅游的重要体验内容得到迅速发展。民宿被认为是能够体验旅游环境的重要产品,不仅能够体验乡村的居住环境,还能参与到当地居民的日常生活与现实展演中(Jackie,1996;Dallen et al,2009)。此外,乡村因其所承载的自然风光和乡土人情,成为乡村养老产业入驻的重要地域,乡村旅游也因此扩展到更为广阔的领域。值得注意的是,国家统计局数据显示,截至 2018 年年底,全国 65 岁以上的老年人口将近 1.7 亿人,约占总人口的 12%,并且老年群体将在未来呈现递增趋势,随着潜在消费群体的不断扩大,乡村养老产业将面临更大的市场需求。

就案例地而言,乡村旅游的体验经济已在田仙峪村、慕田峪村和北沟村得到实践。田仙峪村凭借其特色的虹鳟鱼养殖和农产品种植发展农家乐,并依托农家餐饮和乡村住宿体验产生民宿业,同时还开拓了旅游度假和休闲养老的乡村旅游模式,从单一的观光旅游发展到多元的乡村体验,其体验经济形态已经较为丰富。北京国奥集团入驻田仙峪村,通过流转村内的闲置房屋,在该村建成北京首个农村休闲养

第五章 "城市—景区"双驱型乡村发展路径的形成机制

老式社区,由此开启了田仙峪村休闲养老、乡村旅居的新篇章。截至 2019 年,国奥集团共租赁了田仙峪村 44 处民宅,壮大了城郊居住旅游的规模,在保障村民房屋产权的同时又让城市居民能够享受田园风光和乡村生活。在城郊居住旅游的带动下,田仙峪村的乡村闲置农宅被盘活,其内部的装修风格古朴又不缺现代元素,为城市居民提供了乡村居住的体验,又不缺现代居住设施的便利。而慕田峪村因其位于慕田峪长城景区内,具有区位优势,民宿和农家乐经济应运而生,游客一方面希望能够漫步于长城,观赏长城风景;另一方面希望能够体验乡村生活,在双重体验需求的驱动下使得慕田峪村的乡村旅游形式发生转变,越来越注重旅客的体验与感受。与此同时,北沟村也以"瓦厂酒店"为标签打造乡村旅游的体验经济,体验式的居住成为城市居民前往乡村旅游的主要消费。可见,随着乡村旅游市场的扩大,乡村体验经济不断兴起,旅游体验的内容也逐渐丰富,为城市居民提供了景区风景、乡村环境以及乡村生活等多元化体验选择。乡村旅游也在时代发展中更加注重体验的内容、形式和质量,乡村多元体验将进一步成为乡村发展路径的重要特征之一。

5.1.2 城市资本流动对乡村发展的影响

资金投入对乡村发展至关重要,从资金要素流向可以看到乡村发展的着力点和路径发展走势。但是在调研过程中,作者发现只要涉及投资主体、投资来源和实际投资额等信息,无论是官方发布的信息还是从访谈中都极难获取到确切的数据。因而从实地调研和访谈获取的信息中,对已获取的村庄物质空间环境改造、涉旅产业设施和其他产业设施增加等客观事实资料进行归类,尽可能抓取和梳理资金要素流动,以期较为真实地描绘案例乡村资金生产要素的流向,分析城市资本投入对乡村发展的影响。

（1）村庄物质空间环境改造

村庄物质空间环境改造，主要是指无明确产业导向的基础设施，包括修路、水、电等的建设投资。作者根据实地调研、官方发布的信息、村委会提供的数据和访谈的资料，将获得的城市资本流入村庄，进行物质空间环境的改造等情况进行逐条梳理（表5.1～表5.4）。

表 5.1　慕田峪村物质空间环境改造投资情况

时间	项目类别	具体事项	资金来源
2006年	绿化	绿化总面积达11600平方米；栽种龙爪槐、银杏等灌、乔木7207株，丛生竹1200株，大花萱草、月季、宿根等花卉15000株；收回"园田"变绿地，将原由村民栽种蔬菜40多块小片的分散的"园田"全部收回；原有坑、沟、坎进行了统一填平，共回填土近3万方；村内河道两侧1600米进行了加固，共用石方4800方；设立专职绿地维护员4名，专门负责村内绿地的除草、松土、施肥、施水等维护工作	政府投资
2007年	修路	车道从慕田峪村村口三岔口到慕田峪村村尾与慕田峪长城旅游区前的停车场为止；经此段路后，慕田峪路的出车道从慕田峪村的西北方向成"几"字形道路离开慕田峪长城旅游区，"几"字形顶端也配有两个停车场（均位于村内河道西方），该段道路继续沿西南走向与进村车道汇合，重新汇成双向四车道混凝土硬质化道路。村里有两条村支道：一条位于村口的北京慕田峪长城驿站民宿对面呈东—西走向，道路平均宽度约为3米，主要作用是通往村里农林区——板栗种植区；另一条位于慕田峪村村委会东北方向200米处，需经过民宅	政府投资

第五章 "城市—景区"双驱型乡村发展路径的形成机制

续表

时间			
2007年	修路	后进入农林区,该段道路仅有一半路程进行了混凝土硬质化,道路平均宽度约为3米。村内宅间小道基本实现混凝土硬质化,并且与慕田峪村进村车道相通	政府投资
	新增建筑	慕田峪村村委会范围内,新建的露天文体活动中心,面积约80平方米	政府投资
	新增建筑	鹏程盛园农家院东南方向30米,公共厕所	政府投资

表5.2 北沟村物质空间环境改造投资情况

时间	项目类别	具体事项	资金来源
1989年	基础设施	北沟村打出了第一口深井,且安装了自来水,解决了北沟村村民饮水用水卫生问题。这口井深达380米,水位达到120米,管子下到180米深,可供全村300多口人用水	村集体自筹
2006年	环境整顿	村干部们从镇里争取到了资金,为村民购买了价值300元一个的太阳能灶,谁家的柴草先进院,并且按照"尖儿朝里,根朝外"的形式整齐码放,谁家就可以领取一个太阳能灶。不到一个月时间,全村就完成了柴草进院200多吨,清理建筑垃圾40多吨	政府投资
2006年	基础设施	将村委会后面和北侧蓄水坑中的垃圾彻底清理,把这两个坑垫平。村委会后面的空地改造成一个篮球场,北侧建一座市级二类公共厕所	政府投资
2006年	基础设施	购买了封闭垃圾桶15个,在村内固定放置,与怀柔区市政管理委员会建立了垃圾清运无害化处理协议,以后每两天会有垃圾车来北沟村收垃圾	政府投资

续表

时间	项目类别	具体事项	资金来源
2007年	基础设施	北沟村争取到了怀柔区唯一一个国家级生态示范区工程项目，完成了10项工程，如地下管道、排污设施、自来水、建设水池、修观光步道、垒坝阶、绿化修路等。村内修通循环公路3000延米；修建环山观光步道1500延米；修砌坝阶3000延米；打下深水井一口；建设市级二类公共厕所两座；秸秆气化站一座；全村95%以上改造三格式水冲厕所	政府投资
2008—2009年	文化设施	开展"传统文化进北沟"活动，组织全村村民学习传统文化，并进行了相应的配套硬件建设，打造百米二十四孝图浮雕一座，弟子规沙雕一座，传统文化广场一座；邀请怀柔书法名家，为全村书写巨幅书法作品三幅，各类书法作品近百幅①	政府投资
2008年	旧房改造	李泰在北沟村李凤林家租得一亩多地，投资近千万元建了二层李氏别墅	个人投资
2009年	道路基础设施	建桥修路，启动环村路建设	政府投资
2010年	旧屋改造	17户来自美国、荷兰、德国等国家的外籍人士到北沟村投资、居住，其主要形式就是租用村民的闲置房屋进行改造	个人投资
2011年	道路基础设施	2011年，由于宽度不够，决定修循路来解决会车、错车的问题	政府投资

---

① 村内部资料：怀柔区渤海镇北沟村民俗旅游典型材料。

第五章 "城市—景区"双驱型乡村发展路径的形成机制

续表

时间	项目类别	具体事项	资金来源
2014年	文体设施	村文化广场升级改造工程完成,建起凉棚,增设了健身器材	政府投资
2018年	新增建筑	村内新增建筑28处,属于"见缝插针"式利用村里的闲置用地建房;另有36处房子进行了修整,增加楼层、扩展原有建筑面积、建筑竖向修整美化等,以及使建筑风格更加具有地方特色	个人投资

表5.3 田仙峪村物质空间环境改造投资情况

时间	项目类别	具体事项	资金来源
2009年	公共活动空间	村口新增露天康体活动中心,约100平方米	政府投资
2007—2013年	道路基础设施	村民居住组团新增通往"Y"字形道路中段渔业养殖业组团的村道,该村道为平均路宽6米的双向双车道混凝土硬质化道路。通往农田的主要泥路也进行了混凝土硬质化,平均路宽为2米。村内部分泥土道路已经被混凝土硬质化,小村民住宅组团到"Y"字形道路岔口的水产养殖业组团新增了一条2米宽的混凝土硬质化村支道,大村民住宅组团到小村民住宅组团之间也新增了一条3米宽的混凝土硬质化村支道,村内通往山林的部分泥土路也混凝土硬质化。"Y"字形道路正东方向的一处通往山林的板栗种植区,新增了一条硬质化道路,平均路宽为2米。道路新增总长度达4000米	政府投资

续表

时间	项目类别	具体事项	资金来源
2015年	道路基础设施	"Y"字形道路正东方向的两处通往山林的板栗种植区，新增了硬质化道路，平均路宽为2米。道路新增总长度达1500米	政府投资

表5.4 辛营村物质空间环境改造投资情况

时间	项目类别	具体事项	资金来源
2009年	道路基础设施	辛营村通往北沟村、慕田峪村两个村庄之间的村支道各自增加一条，通往北沟村的村支道为宽4.5米的混凝土硬质化道路，通往慕田峪村的村支道为宽3米的混凝土硬质化道路	政府投资

由表5.1可知，慕田峪村不同时期在物质空间环境改造的投资的侧重点不同，在乡村旅游发展前期，多是在乡村整体的环境建设和基础设施方面投资。在道路、绿化等基础设施完善之后，随着民宿业的兴起和发展，主要的投资侧重点在于民房的改造和民宿经营方面。

由表5.2可知，北沟村在环境卫生整治，如厕所、垃圾处理、道路等基础设施以及文化设施方面的物质空间投入资金较多，资金主要来源于村集体争取政府项目的投资。村民或外来投资者的投资主要集中于对民房改造。

从表5.3可知，田仙峪村的物质空间环境改造主要集中于村域公共活动空间和道路基础设施两个方面。

从表5.4可知，辛营村在村庄建设上近年来变化不大，物质空间环境改造投资较少，主要为道路基础设施的投资。

(2）其他产业设施投入

其他产业设施投入，主要是指除旅游产业之外的其他产业发展所需设施的建设投入情况，如挖鱼池、买树苗、建设厂房等。作者根据实地调研、官方发布的信息、村委会提供的数据和访谈的资料，将案例乡村其他产业设施建设情况逐条梳理（表5.5、表5.6）。

表5.5 北沟村其他产业设施投资情况

时间	产业类型	设施事项	资金来源
20世纪70年代	办厂	北沟村曾兴办过镶嵌工艺品厂，并被村里人称为"贝壳厂"	村集体自筹
20世纪七八十年代	果树种植	为了更好地促进农业生产，生产大队号召大家一起打坝阶儿，建果园。北沟村的鲜果树种植近4000亩。生产大队为了保证果品质量，修建了两个蓄水池，一个位于村委会后面，一个位于村委会北侧70米处。两个蓄水池在雨季会蓄满水，农民在旱季可以往山上调水，浇灌果树。村民们挖果窖、建果窖，并持续了两年时间，直到实现了一户一窖。村里已经有了100多个果窖，每个果窖能装3000斤到4000斤的水果	村集体自筹
1983年	办厂	北沟村办起了生产高空作业安全绳和吊篮安全绳的绳厂	村集体自筹
20世纪80年代	西洋参种植	村集体也曾一起种植过西洋参，为村民们创造过一些收入。刚开始种植的时候西洋参收成还好，给村民们带来了不小的经济收益	村集体自筹
20世纪90年代至今	板栗种植	村域面积以山场居多，近4400亩的山地资源为板栗种植提供了先天优势，好的年份能产板栗50万斤	个人资金

续表

时间	产业类型	设施事项	资金来源
1993年	办厂	村委会以集体性质开办了琉璃瓦厂	银行贷款
2007年9月	综合办公	一个集村委会办公室、数字化影院、图书阅览室、棋牌活动室等于一体的综合办公楼落成,北沟村从此有了村庄"核心"建筑	政府投资

表5.6 田仙峪村其他产业设施投资情况

时间	产业类型	设施事项	资金来源
20世纪80年代	饮料厂	开办饮料厂,生产矿泉水和其他饮料,因经营不善于1990年倒闭	个人投资
1996年	虹鳟鱼特色养殖	村集体开挖第一个养殖池,村民开始个人承包集体土地修建鱼池进行虹鳟鱼养殖	村集体投资
2004年	虹鳟鱼特色养殖	村里养殖虹鳟鱼的散户陆陆续续增建了10个养殖池	个人投资
2013年	虹鳟鱼特色养殖	卧佛山庄新增投资700万元对虹鳟鱼养殖鱼池进行扩建,在田仙峪村村口的渤泉河下游新建了一个虹鳟鱼养殖场	个人投资
2018年	科技助力"怀柔板栗"创新发展	为了提高板栗果品品质,实现生态修复。在板栗试验站试验基地和田仙峪村开展了50亩树条粉碎循环再利用试验,效果良好,与"用生态办法解决生态问题"理念相契合,能够解决农村环境治理中的脏、乱等问题	个人投资

由表5.5可知,北沟村在其他产业方面的投资与其乡村产业发展路径基本契合,主要是在工厂和种植业等方面的设施投入。

由表5.6可知,田仙峪村早年办过饮料厂,随着乡村转向虹鳟养殖发展路径，产业设施的投资也集中在虹鳟鱼养殖上。之后，在环境政策的影响下，虹鳟鱼养殖的设施投资逐渐减少，转而在种植业方面进行投资。

（3）涉旅产业设施投入

涉旅产业设施投入，主要是指专门用于旅游产业发展所需设施或者明显有利于旅游产业发展设施的建设投入情况，如农家乐建筑改造、酒店、餐厅等建设。作者根据实地调研、官方发布的信息、村委会提供的数据和访谈的资料，将案例乡村其他产业设施建设情况逐条梳理（表5.7~表5.9）。

表5.7 慕田峪村涉旅产业设施投资情况

时间	项目	具体事项	资金来源
2006年	餐厅改造	S夫妇租赁慕田峪村废弃村小学，改建为"小园餐厅"	个人投资
2010年之后	长城景区土地占用补偿款	慕田峪长城旅游服务公司经考察后占用村内土地正规经营长城旅游，在2014年签约后服务公司每年都能给村里补偿	公司投入
2006—2014年	旧房改造	S夫妇在慕田峪村租住和改造旧房18处，投资约607.2万元	个人投资
2011年	村委会旧址民宿改造	外来投资者租赁村委会旧址，改建精品民宿"村里故事"	个人投资
2014年	新建服务中心	金融街控股在慕田峪村的村口外建设综合服务中心。旅游综合服务区总占地面积116亩，建筑面积44300平方米，设有游客中心、特色商业业态、长城文化博物馆、地下停车场、摆渡车站、安保系统、游客休闲区等旅游服务和管理设施	政府投资

续表

时间	项目	具体事项	资金来源
2019年	民宅变民宿项目	北京农商银行对长城国际文化村——慕田峪村开展的民宅变民宿项目给予信贷资金支持，目前授信1900万元，促进当地农民充分享受长城文化带建设带来的经济效益	公司投入

表5.8　北沟村涉旅产业设施投资情况

时间	项目	具体事项	资金来源
2005年	餐厅改造	S夫妇租下村口的六间老房子，改造成对外经营的小面馆——小庐面，只在每年的4月到10月营业	个人投资
2009年	村集体成立公司	为推动本村旅游产业的发展，成立了"北旮旯乡情驿站餐饮有限责任公司"，通过集体办餐饮带动村级民俗旅游发展	村集体投资
2010年	住宿接待	S夫妇采用租赁的形式将村集体废弃的琉璃瓦厂租下并改造成具有20多间客房的酒店，酒店占地面积约7800平方米，建筑面积约1500平方米	个人投资
2010年至今	旧房改造	外国友人以10年、20年不等的租期租来民宅，之后加以精心的设计和布局	个人投资
2012年	旅游服务设施	对村级游客服务中心进行建设性改造，改建面积580平方米；改建村级旅游停车场两个，面积900平方米；拓宽村内循环公路2000平方米，边沟砌墙1000立方米；改善村级监控设施系统16个，立杆30个，共需拉线3000米	政府投资

第五章 "城市—景区"双驱型乡村发展路径的形成机制

续表

时间	项目	具体事项	资金来源
2015 年	住宿接待	2049 投资集团租赁 2300 平方米村集体闲置土地（加油站使用）改造成为三卅乡村度假村，并于 2019 年 10 月正式营业	公司投资
2018 年	住宿餐饮服务设施项目	2049 投资集团租赁原村集体餐厅（400 平方米），改造升级为火锅花园餐厅	公司投资

由表 5.7 可知，慕田峪村的旅游发展依托于长城景区，并随着民宿业的发展，村内逐步完善相关的旅游设施。

由表 5.8 可知，北沟村涉旅产业设施的投资与其乡村旅游发展过程基本契合。外来资本入村发展餐饮和住宿接待，之后村集体投资成立旅游公司，完善旅游设施。村民在其影响下，改造民房发展旅游。

田仙峪村除早期部分村民自发改造民房发展住宿接待之外，国奥乡居入驻之后开始较大规模地投资和改造闲置民宅，发展乡村养老休闲度假，相关情况不完全统计如表 5.9 所示。

表 5.9 田仙峪村涉旅产业设施投资情况

时间	项目	具体事项	资金来源
20 世纪 80 年代—2019 年 12 月	房屋改建	村民自主改造房屋	个人投资
1996—2005 年	虹鳟鱼特色养殖	村民承包村集体第一个养殖池，同期承包了鱼池周边的 40 多亩林地，成立了一家占地 50 亩集种鱼育苗、餐饮、科研、民宿和休闲于一体的公司——卧佛山庄	个人投资
2014—2019 年	国奥乡居	租赁并改造村内 44 处闲置民宅	公司投资

5.1.3 人力资本流动对乡村发展的影响

人力要素的流动主要表现为以乡村为基地进行人力的流入与流出，以及人力在乡村多个产业中的流动现象。由于涉及人际关系、经营模式等敏感问题，案例乡村官方和访谈对象对此大多不愿提供详细的数据。本书通过从访谈中获得的资料，结合实地走访，发现案例乡村的外来人才流入、本村精英回流、乡村人力流失和人力在产业间流动的现象，试图以典型事件梳理人力流向的情况。

（1）外来人才流入

乡村的人力流动主要表现为外来人力的流入与本土人力的流出。在外来人力流入方面，主要表现为外来人才的流入，具体可分为跨国人才的流入和国内人才的流入两种类型，下面从这两个方面展开分析。

① 跨国人才的流入

跨国人才的流入与扎根村庄对乡村发展而言具有重要的意义，一方面，跨国人才凭借其更加广阔的国际视野和学识对乡村发展有区别于本土人才对中国乡土的认知和把握；另一方面，国外乡村发展起步早、发展整体较好，跨国人才能够以此为参考，为中国乡村的发展提供借鉴。有研究表明，跨国人才的流入对地区的发展、创新具有促进作用（牛雄鹰 等，2018），并且对乡村振兴与发展提供了现代"乡贤"的力量支撑（钱再见 等，2019）。

第一，慕田峪村的"小园餐厅"成为跨国人才流入的首个案例。1986年，美国人S游览长城时第一次来到慕田峪村，在S心里留下了一个对长城和中国乡村的最初印象。1996年在北京工作的S再次游览长城，因为在长城上偶遇售卖商品的村民，无意提及村中是否有闲置房屋出租，此事促成了S在慕田峪村的农宅租赁，S将其改造成自己

第五章 "城市—景区"双驱型乡村发展路径的形成机制

的"第二居所",每逢周末来此小住。2003年开始,恰逢慕田峪村村委会整改村内环境,对村内废弃的村小学、库房等进行了旧房改造,将库房、小学校、果窖出租给外来经营者,盘活村集体资产。其中,最具代表性的是 S 夫妇与村委会合作对闲置房屋进行流转与改造,租赁村小学改造为"小园餐厅",开创了慕田峪村的"小园模式",同时也为本地村民提供了就业岗位。在土地房屋租赁流转方面以远高于本地人的租赁价格租用本地村民的房子进行房屋修缮和旅游开发。不仅使得村民有了收入,同时为慕田峪村建设"长城国际文化村"提供了可能。由于慕田峪长城景区是我国政府接待世界各国领导人游览长城的选择之一,因此吸引了不少的国外游客慕名前来。而外资经营者2003年便已进入慕田峪村开展旅游经营活动,此时外籍旅游者的数量有所增加。

　　S 夫妇除了在慕田峪村进行商业投资盘活闲置用地和提供就业岗位外,还积极参与到乡村的公共事业和基础设施的建设中,对乡村经济、教育等方面起到推动作用,对乡村发展影响深远。基于对乡村所在地文化的尊重和对中国传统文化的热爱,他在改建时注重保留当地元素,也将自身对理想生活的憧憬和外来文化元素引入空间营造之中。S 夫妇利用村里的资源发展,同时运用自身所具备的资本回馈慕田峪村。回馈之一是对村内环境整治的推动,在慕田峪村开始进行乡村环境治理之时,他给村委会捐赠了 10 万元人民币用于村内环境的整治,包括旱厕统一改造、河床固化和增设停车场等。回馈之二是为村民提供了一定的培训课程,教村民学习简单的日常英语、西餐菜式等,这使得村民在招待国际游客方面相比其他地方更有优势。在经营小园餐厅期间,S 夫妇也主动融入村民生活,入乡随俗,如过年会发红包,村民家里有喜事会上门随份子等。

"城市—景区"双驱型乡村发展路径选择与形成机制

第二,"瓦厂酒店"成了北沟村的乡村品牌。2005年,已经在慕田峪村扎根开了小园餐厅的S夫妇,开始在慕田峪村附近村庄寻找其他可以改造的房屋。北沟村村口一间破败不堪的老房子被夫妇二人相中,以比较低的价格租下,成为S夫妇从慕田峪村到北沟村业务扩展的试点项目。他们将租来的民房精心设计改建成为与慕田峪村小园餐厅相呼应的一个面馆——小庐面。

在对北沟村环境、依托长城景区资源以及旅游市场变化的判断下,S夫妇租赁北沟村村集体废弃的琉璃瓦厂,将其改造成为精品酒店。国际精英的入住,不仅让村里10余名农家妇女在村里实现了就业,也带动了全村旅游业的发展。北沟村环境整治和外籍经营者租赁村里房屋进行改造也推动了北沟村旅游发展方向由观光旅游转向休闲度假旅游。S夫妇经过精心设计,运用其创新能力将破旧的瓦厂改造成洋溢着艺术气息的乡村酒店,砖瓦建筑也成为北沟村最具代表性的建筑物。就乡村建筑及景观方面而言,瓦厂酒店利用了琉璃瓦厂原有的房屋结构和砖瓦,用琉璃瓦片铺路和盖瓦,将院落、宅院以及菜地组合形成乡村精品酒店,其规模较一般客栈大,既采用现代化设施以及现代室内装修设计风格,又融合瓦厂本身建筑材料及文化特色,与村庄房屋形成鲜明对比。在其影响下,北沟村村民陆续将村内闲置或废弃住宅对外出租,带动了北沟村乡村休闲度假的发展。陆续有外国投资者以10年、20年不等的租期租下民宅之后,精心设计和布局,在不破坏整体风貌的前提下,恰到好处地融入西方元素,中西结合,在北沟村建造了一道独特亮丽的风景线。截至2019年,已经有17个来自美国、加拿大、荷兰等国家的外国人在北沟村安家置业,租赁村民房屋改成民宿。

在乡村旅游经营方面,外籍经营者所经营的"小庐面"和"瓦厂酒店"在北沟村的乡村民宿风格、乡村景观治理、民宿经营管理方面

第五章 "城市—景区"双驱型乡村发展路径的形成机制

起了示范性效应。北沟村一个因经营不善而废弃的琉璃瓦厂经过专业设计师的设计改造,成为一家艺术气息浓郁的乡村酒店,将具有"中西结合"特色的建筑引入北沟村。瓦厂酒店的经营模式也逐渐得到当地村民的认可。S 夫妇利用北沟村的土地和房屋资源打造乡村遗产酒店,为村民提供就业机会,也在无形中扩大了村民对旅游发展的视野。瓦厂酒店的建成除了解决了部分北沟村村民的就业外,也按照企业化经营的模式,对外公开招聘,所以瓦厂酒店还有从怀柔区和北京城区招来的有经验且能力较强的工作人员。

② 国内人力的流入:慕田峪村和辛营村的案例分析

不仅跨国人才流入对乡村发展具有重要的意义,国内精英的流入也对乡村的建设具有显著的影响。就案例地而言,国内人力的流入主要包括国内投资者和其他地区普通劳动力的流入,这些群体的流入在乡村地区的商业建设和充实劳动力市场方面起到重要作用。

其一,"村里故事"老板娘张姐是慕田峪村第一位国内精品民宿投资者。 张姐原为某国有地产公司员工,属于白领人士,曾到云南等地旅行的经历给她留下了非常深刻的印象,受到云南等地民宿文化影响,她认为"做民宿是一种情怀",希望也在北京城区周边的乡村寻找一处房屋,改造成为有"家一样感觉的民宿"。2011 年,恰逢企业改制,张姐买断工龄开始了自己的创业之路,因为朋友的推荐,张姐来到慕田峪村,原来的村集体公办小院吸引了她,"这就是我心中想要找的地方",随即租下了这一处小院,改建后起名"长城故事"(后更名"村里故事"),将"民宿作成家"。

张姐租赁了原村集体办公房屋进行改造,投入了大量的资金和人力,邀请了专业设计师设计,保留了原村集体院落的古树自然样貌,并在改造过程中修葺单层民宿,分为南院(栗花草堂)及北院(梧桐春舍),共计 10 余间客房,让民宿小院从外观和装修风格上保持了中

"城市—景区"双驱型乡村发展路径选择与形成机制

国传统院落的风格，同时也有现代化舒适住宿体验。"村里故事"的经营者，基于其背景及经历，认为乡村民宿的侧重点在于庭院，故而其庭院中嵌入小规模花圃，并设有露天的茶几座椅供住客喝茶赏月使用。因庭院格局的特殊性，"村里故事"的目标群体定位倾向于小团游客、家庭及公司团建群体等，以团体形式进入此空间并共享空间资源更利于协调时间及空间。

其二，普通劳动力的乡村建构作用在辛营村发展实践中得以实现，具体表现在服装厂职工到村委会工作的乡村影响。在实际调研过程中，可以通过具体的实例加以佐证。例如辛营村的曾女士是重庆人，因为当年在怀柔辛营服装厂全国招工的时候，来到了北京怀柔成为服装厂的一名员工，并嫁到了辛营村。在服装厂倒闭之后，曾女士应聘到村委会工作，成为一名村委会工作人员。在调研时，曾女士也谈及了对乡村旅游发展的认识，并希望未来通过对自己家房屋的改建，进行民宿自营的尝试。

"我想着反正这是我自己的房，我投资个十几万元，简单装修。然后做一个简单的、传统的民宿，而且这边豆腐宴什么的都很多，可以让客人直接看咱们怎么去操作这个东西（增加吸引力），你要是在网上再给客人拍点照片，写出这最传统的东西，我觉得应该是能做成的。我要是说真正做自己要做的，还挺多人认可的，我可以把村里边的人叫来一块做。"——x01-c

"别的村都做起来了，但是我们村比较少，除了红太阳那一家，都还没有特别多。"——x01-c

作为具体的实例，曾女士的案例以小见大地反映了外来人力的流入对乡村产生的影响，普通劳动力的流入也作为乡村建设中不可忽略的部分对乡村在发展模式的探索上具有一定的影响，同样值得关注。

第五章 "城市—景区"双驱型乡村发展路径的形成机制

总之,外来人才的流入对案例乡村发展路径的影响较大,基本上成为各个村发展路径的风向标。通过以上典型人物事件的梳理,可以发现外来人才的流入不仅直接带来了劳动力数量的增加,往往也伴随着外部资金的流入,为乡村的发展注入了新的动力。同时,外来人才的流入也必然带来村内土地利用结构的改变,通过租赁的方式对村内闲置土地利用主体产生了变更。更为重要的是,外来人才流入到哪类产业进行投资建设,也预示着乡村外部世界,特别是城市中对乡村资源的评价,他们的思想观念、行动决策和经营模式等都在村民心中产生震动,让原有的投入回报平衡出现了新的计算方法。这些外来人才的流入也对乡村在发展路径选择上起到了示范效应,他们的成功不仅吸引了村民的关注,也让村民开始思考和在自己能力范围内进行相应的改变。因为与本村居民相比,外来投资者的经营项目投入必然更多(土地、房屋的使用费用和雇佣村民的人工成本等),所以这些项目能够取得成功给每个村民权衡个体生产要素配置时提供了依据。

(2)乡村人力外流

在四个村调研的过程中都发现有大量年轻人外出读书、务工的现象,其中到怀柔区和北京城区工作的居多。在作者调研期间,恰逢北沟村正在对村中考上大学的学生人数做统计,村中负责统计的工作人员告诉作者,"目前,这些大学生几乎没有回到村里生活和就业的打算,都打算毕业后直接在外面上班,有的大学生还留在了北京城"。另外从调研可知,辛营村村民的主要收入来源于本地的板栗经济和村民外出务工,乡村人力的流失已成为乡村发展中不可回避的问题。

案例乡村虽然邻近慕田峪长城这样的景区,也有邻近首都北京的区位优势,但是与其他乡村一样面临着年轻劳动力,尤其是高学历劳动力的流失问题。从个体的视角来权衡投入-产出的效益,能够到大城市去发展比留在农村发展取得成功的机会要更多，获得的社会资本也会相应增加。

（3）人力在产业间流动

外来人才流入、本村精英回流和乡村人力外流主要探讨人力要素在村庄内外的流动情况，主要反映乡村人力要素在城乡之间的流动。人力在产业间的流动主要反映了村庄内劳动力在不同产业间的配置情况，这既是乡村集体的实际发展路径选择结果，也体现了村民个体在选择谋生、就业机会时的个体判断结果。

20世纪80年代，慕田峪长城旅游区开始开发。慕田峪旅游开发较早地介入乡村的发展，确立以旅游业接待为经济转型和突破口，慕田峪村部分村民从农业人口变成非农业人口，除了在办事处谋得职位，慕田峪村民也被允许在景区划定范围内经营小商品零售。截至2020年初，村内有近120人在慕田峪长城服务公司上班，实现了就近就业。其余大多数村民在慕田峪景区小商品市场就业，全村旅游商品摊位合计172个，且收入较为稳定。还有部分村民从事农家乐经营，提供住宿与餐饮等服务。作为慕田峪长城旅游景区的休闲消费和食宿腹地，2018年，慕田峪村内将房屋改造为农家乐或民宿经营的村民户数已达30多户。总体来说，村内劳动力就业比例远高于90%，相对较高的收入和较丰富的就业渠道保障了慕田峪村民的生活需要[①]。

北沟村的瓦厂酒店模式打破了原有乡村旅游发展路径，该模式的成功又强化了北沟村旅游发展对该模式的路径依赖，村民纷纷新建类似于"瓦厂酒店"风格的民宿，落地窗逐渐被北沟村村民采用。瓦厂酒店为村民提供了一定数量的就业岗位，在瓦厂酒店内有工作经验的村民会将其在瓦厂酒店学习到的行业知识运用在自家民宿经营上，亦

---

① 村内部资料：就业渠道情况简介。

第五章 "城市—景区"双驱型乡村发展路径的形成机制

推动了村民对瓦厂酒店模式的接纳。在其影响下,北沟村村民陆续将村内闲置或废弃住宅对外出租,带动了北沟村民宿旅游的发展。截至调研时,北沟村民俗户有30多家。对田仙峪村而言,得益于村内优质的水源,田仙峪村在20世纪80年代曾投资建设一家饮料厂,但因为市场冲击和经营管理不善而倒闭。本来由饮料厂解决的劳动力又被释放出来,村民又回归到第一产业——种植业。2000年,田仙峪村出现了第一家商店,得益于水产养殖、餐饮业和民宿业的发展,商店也一直经营至今。2000—2015年,是田仙峪村民宿业发展的黄金时期,一直呈现上升的发展阶段。从2000年村里第二家民宿开业到2015年发展到28户接待户,有村民利用自家民房进行经营的,也有外来精英租赁下村民的民房进行民宿改造的。2000—2019年,村内登记民宿共有28家,但实际上正常经营的民宿只有14家,有一半民宿只是申办了民宿经营的营业执照而没有实际运行;而从开业到2019年一直保持经营主体不变的只有8家民宿。辛营村以板栗种植为主导产业,全村有四分之一户人家年收板栗6000斤以上;民俗户仅5家。

从获得的有限资料来看(表5.10),慕田峪村的人力资源主要配置在依托长城景区发展的乡村旅游产业,在旅游公司就业、经营景区市场摊位和民宿的人数最多,占总人口的比例也最高;其次为北沟村,再次为田仙峪村。辛营村虽然距离慕田峪长城景区仅比慕田峪村远一点,但是选择了依托城市务工和发展多元产业的路径。值得关注的是,在乡村发展中乡村精英起着关键性的干预作用,例如北沟村的村支书在其发展中便扮演着"领头羊"的角色,影响着乡村发展路径选择。也就是说,乡村精英区别于一般的人力要素,是在一般的生产要素理论中较少涉及的类似于"企业家"要素。

"城市—景区"双驱型乡村发展路径选择与形成机制

表 5.10　案例乡村人力流向旅游产业情况

村庄	户数/户	人口数/人	民俗户数/户	其余旅游类就业
慕田峪村	115	283	30+	120 人在慕田峪长城服务公司工作；景区小商品市场经营 172 个摊位
北沟村	150	350	30+	—
田仙峪村	207	514	14+	—
辛营村	145	354	5+	—

5.2　景区辐射效应对乡村发展路径的影响机制

景区在发展过程中因其所吸纳的人力、资金和制度等要素，深刻影响着周边的乡村地区。四个案例乡村的发展与慕田峪长城景区开发都有着或多或少的联系，随着慕田峪长城景区的开发和发展，四个村在乡村风貌、空间形态、产业功能和社会文化等方面都发生着转变。探究景区辐射效应对案例乡村发展路径的影响，首先需要厘清慕田峪长城景区的发展脉络和发展路径。

北京地区的长城始建于南北朝时期的北齐，而北周和隋唐则在此基础上加以修缮利用，到了明朝进行了大规模改建，才形成如今的万里长城北京段的雄壮面貌。慕田峪长城位于北京市怀柔区内，东接古北口，西至黄花城、八达岭，与居庸关、紫荆关、倒马关三关遥相呼应，其地势险要，是我国现存明代长城中保存最完整、最具代表性的

第五章 "城市—景区"双驱型乡村发展路径的形成机制

长城段落之一,也是拱卫京都和皇陵安全的军事屏障,自古就是兵家必争之地。

1949年之后,慕田峪长城遗址处于一种自然闲置状态,年久失修。改革开放之后,国外、国内人员流动的限制逐步放松,旅游市场开始萌芽。北京作为国家首都和历史名城闻名中外,自然也成为中国最热门的旅游城市之一,同时也吸引了大批外国旅游者慕名而来。但是,当时北京市开放的旅游点有限,只有北海、景山、颐和园等对外开放,游人众多,十分拥挤,再者园林损毁情况比较严重,甚至存在较大的安全隐患。在此情况下,国务院、原国家旅游局及北京市政府开始重点筹划增加北京旅游容量,开发郊区旅游资源因此提上议事日程。根据慕田峪长城景区的发展与演化,将慕田峪长城景区的发展过程按如下几个时段进行说明。

5.2.1 景区开发初期:对单个乡村初始发展路径的改变

在慕田峪长城景区开发初期,尚未形成完备的景区服务体系,其辐射能力弱,仅影响到了慕田峪村的发展及其发展路径选择。1953年,八达岭长城完成修复关城和部分城墙后对外开放,并于1982年列为国家重点风景名胜区。为开发北京地区的长城旅游资源,同时缓解八达岭游客过度集中的问题,经国务院批准,慕田峪长城景区于1983年3月17日破土动工,对慕田峪长城进行了开发、修复。第一期工程投资1250万元,修复了以慕田峪关为中心,从慕字1号敌楼至14号敌楼以西的北铺房,总长2000米。

1984年,北京市开发慕田峪长城旅游区指挥部会同原怀柔县规划部门,依据《慕田峪长城游览区总体规划》的原则和指导思想,进一步拟定了慕田峪长城旅游区详细规划和旅游区服务设施的安排。1986

"城市—景区"双驱型乡村发展路径选择与形成机制

年,景区试开放。1987年被评为新北京十六景之一。1988年6月,德国汉高化学品集团捐助慕田峪长城二期修复,从北铺房至第18号敌楼总长747延米,敌楼4座,敌台1座,同年10月竣工,总投资142万元。从这一年起,景区正式对外开放。1991年7月,联合国教科文组织赞助慕田峪长城三期修复,从18号敌楼至20号敌楼总长300延米,同年10月竣工,总投资75万元。1992年,慕田峪长城被评为北京旅游世界之最。1994年,北京市人民政府公布慕田峪长城为北京市文物保护单位。

2000年,慕田峪长城经由怀柔区政府批准,由原来的事业单位改制成为企业。同年,慕田峪长城办事处委托中国公园协会对慕田峪长城风景名胜区进行了考察,编写了《慕田峪长城风景区资源评估报告》和《慕田峪长城风景区总体规划》。2001年,原怀柔县人民政府决定在慕田峪长城旅游区设立怀柔县文物保护所。2002年,慕田峪长城被评为4A级风景区。2004年初,慕田峪长城旅游区办事处加快创建国家级风景名胜区的步伐,制订了长城西段延伸开发计划,怀柔区政府也将此项工作列入了当年的主要工作中。西段延伸开发的具体段落为慕田峪—箭扣—北京结,此段的开发不仅突出慕田峪长城风景资源的特色,也科学地扩大了慕田峪旅游区范围,对进一步发挥长城文化遗产的价值、加强长城文化遗产的保护和利用具有现实意义与历史意义;同时,对完善北京地区风景名胜区的布局和促进风景资源的保护利用、改善北京地区的生态环境具有重要意义。

政府对景区的建设和资金支持成为慕田峪长城旅游区的主导力量。在景区发展初期,主要是以景区建设为核心,对乡村的辐射带动作用主要表现在邻近乡村,对周边的乡村发展影响较弱。

由图5.2可知,四个案例乡村与慕田峪长城景区的区位关系具有

第五章 "城市—景区"双驱型乡村发展路径的形成机制

差异。慕田峪村与景区最近,从前面的乡村发展路径分析可知,慕田峪村在这个阶段已经开始依托景区发展,村民主要的经济收入来源由单一的传统农业转为农业与商品零售业——在慕田峪长城景区内摆摊售卖商品。辛营村虽然与慕田峪长城景区临界,部分重叠,是四个案例乡村中除了慕田峪村外距离慕田峪长城风景区最近的村庄,却是直线距离与长城景观最远的村庄。北沟村地处慕田峪长城脚下,背靠燕山山脉,与慕田峪村不同的是,北沟村完全位于慕田峪长城景区外部,也并不在游客通向景区的主干道上。田仙峪村在四个案例乡村中,是距离慕田峪长城景区最远的村庄,虽然田仙峪村背靠箭扣长城,但与核心景区的距离也较远。

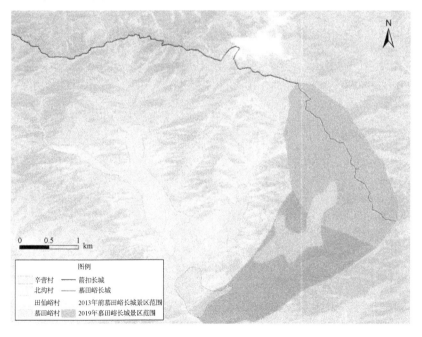

图 5.2 案例乡村与慕田峪长城景区的区位关系

在早期观光旅游发展占主导的时代，景区建设对乡村辐射受制于距离的远近，景区对乡村的影响范围有限。慕田峪村因为与慕田峪长城景区的区位优势，获得了率先发展旅游的机会，成为首个受到景区发展影响的乡村，也使得这个村在 20 世纪 80 年代开始，发展路径就伴随着长城景区的发展而变化。

5.2.2 景区转型升级：从单个乡村到长城国际文化村

2006 年，慕田峪长城景区开启了新的发展阶段，景区开始进行升级改造。在 2006 年怀柔区第一次区长会议上，明确了由慕田峪长城旅游区办事处取得慕田峪长城西段的管理使用权。2008 年，北京市文物局出资对慕田峪长城 20 号敌楼往西至 23 号敌楼共 502 米长的长城进行了保护性修复。2009 年，慕田峪长城旅游区办事处又对已修复的 502 米长城进行了旅游区开放安全性修复。

2011 年，经原国家旅游局评定，慕田峪长城被评为国家 5A 级旅游景区。2013 年，慕田峪长城综合服务区于怀黄路与慕田峪路交界处破土动工，此为建成"国内领先，世界一流"的国际休闲旅游度假区并作为 2014 年 APEC 峰会的配套改建工程。

自 2011 年长城景区成为 5A 级景区，其成为具有吸引大量游客以及资本进入的旅游资源。至 2013 年，慕田峪长城景区及周边土地等方面的权属问题皆发生多级变化。首先，慕田峪长城旅游区的隶属关系从乡村关系中分离。慕田峪长城旅游服务公司由"全民所有制"改为"有限责任公司"，慕田峪长城景区不再归办事处管理，公司股东变更为金融街控股股份有限公司、怀胜城市建设开发有限公司、怀柔国有资产经营有限公司。其次，慕田峪村隶属关系从北京市怀柔区慕

第五章 "城市—景区"双驱型乡村发展路径的形成机制

田峪长城旅游区办事处变更为由渤海镇管辖。管理制度的转变也为乡村旅游的发展奠定了现代化的基础。

(1) 慕田峪长城景区与"长城国际文化村"的互动关系

2007年,"长城国际文化村"概念正式被慕田峪村提出来,而后慕田峪村、田仙峪村、北沟村和辛营村四个村被统一纳入"长城国际文化村"建设中。2010年,开村仪式正式启动,四个村进入与景区的协同发展阶段。随着慕田峪长城景区成为5A级景区,大量游客开始涌入,吃、住、行、娱等需求迅速增加,单一的慕田峪村已经无法满足游客需求,景区的辐射能力、辐射范围迅速扩大,促使北沟村和田仙峪村开始与景区深入互动,紧密结合共同发展。相较于慕田峪村,慕田峪长城景区使得北沟村看到发展机遇,但是并不像慕田峪村那么得天独厚。景区内外的区位差别,使得北沟村在利用慕田峪长城景区带来的发展机会时需要更大的投入来提升自身的吸引力。这个先期投入使得决策平衡发生了变化,使得北沟村在发展路径上呈现产业多元化特征。一方面,北沟村依托山地资源的优势,保留了板栗种植业作为村民收入的重要来源,同时板栗种植作为农业观光产品,逐渐成为本村的旅游资源;另一方面,依托长城景区,北沟村努力发展村庄特色吸引旅游客源,以S夫妇为代表的外国人进驻使得乡村呈现出多样性的文化特色,提高了在旅游发展中的竞争力。经过"长城国际文化村"的品牌打造和传播,北沟村被越来越多的人知晓,强大的旅游发展潜力被激发。北沟村提供的乡村旅游产品形态和发展乡村旅游的路径与慕田峪村有着显著的差别。

田仙峪村是四个案例乡村中距离慕田峪长城景区最远的村庄。面对城市与景区带来的发展机会时,从区位上而言,田仙峪村同区域内

"城市—景区"双驱型乡村发展路径选择与形成机制

其他村庄相比处于劣势。但是，田仙峪村依托山地水资源和大城市市场需求发展鱼类养殖业，借助靠近一段未开发的长城、游客较少的资源条件，以风景优美吸引部分游客进入，走上了"非正式景区"之路。但是随着环境规制的加强和大企业的入驻，其产业发展亦面临巨大挑战；同时，"未开发"长城作为田仙峪村"天然"的"非正式景区"亦开始受到地方政府的严格管控。

辛营村在案例地四个村庄中如果按照"城市—景区"叠加区位条件来分析，是区位条件最好的村庄，距离北京市区最近，与慕田峪长城景区临近。但是，辛营村在双重区位叠加带来的发展机会选择上，既没有选择依托景区发展旅游，也没有依靠城市发展，而是固守了原有的乡村发展路径。虽然空间上距慕田峪长城景区，比北沟村和田仙峪村距离更近，但是不如慕田峪村直接邻近景区，与未开发长城之间也还隔着北沟村和田仙峪村。总体上，辛营村的乡村发展路径受到慕田峪长城景区的影响较弱，主要依托本地资源发展农业经济，同时依托大城市就业机会以村民外出打工的模式为乡村带来经济收入。

（2）"长城国际文化村"区域内部的互动

在此时期，慕田峪长城景区与乡村之间的互动远不止单体的乡村，而是形成了乡村协同互动，其中乡村间的互动亦是值得关注的点。最初，乡村之间出现小范围的村内协作，是从民间开始，进而上升到政府文件中的区域互动合作关系，以应对景区转型升级所带来的问题。慕田峪长城景区吸引来的大量的旅游者，除了简单的观光旅游者，也开始出现乡村旅游休闲体验者，甚至跨国旅游的文化体验者。显然，景区影响下的乡村旅游服务量远非单一乡村能够轻松应对的，就现实的调研数据来看，"长城国际文化村"的四个乡村常住人口均在500

人以下,其中从事与旅游发展相关的劳动力数量甚少。除了 S 夫妇在慕田峪村开的"小园餐厅"形成了良好的口碑外,当时并未形成良好的旅游产品体系,区域间也缺乏协作发展。2009 年,怀柔区渤海镇党委书记同时兼任了慕田峪办事处主任。行政组织上的这一任命,无疑使渤海镇与慕田峪办事处在行政上达到统一,也让慕田峪村与渤海镇联系开始密切,由此为"长城国际文化村"的建设提供了良好的先决条件。借助慕田峪景区优势,打造慕田峪长城脚下的"长城国际文化村"的设想,使得紧邻长城的四个村可以形成区域的联动发展。"长城国际文化村"的提出和实施,使得四个村之间开始进行合作与协商。

5.2.3 景区公司所有权转变:以景区为辐射的区域旅游发展

随着慕田峪长城景区改制,逐步进入公司化运营和规范化发展,慕田峪长城景区迈入新的阶段。伴随着游客需求进一步演变,体验经济盛行,乡村逐渐演变成为旅游目的地,景区变为乡村旅游的游览点之一,对乡村发展的影响力逐渐减弱。2013 年,慕田峪长城景区隶属关系转入金融街控股股份有限公司名下,北京市慕田峪长城旅游服务有限公司为金融街控股股份有限公司子公司。2014 年 6 月末,慕田峪长城综合服务区的工程顺利竣工并投入运营。综合服务区包括长城文化展览中心、仿古商街、现代餐饮街三大功能区域,大幅提升了慕田峪长城的游客接待与服务能力。慕田峪长城景区的面积也因此由原来的 8 平方公里扩展至 24 平方公里,日接待能力由 1 万人上升至 3 万人。这标志着景区进入了一个新的发展阶段。

"城市—景区"双驱型乡村发展路径选择与形成机制

2018年，慕田峪长城作为主景区被纳入《北京市长城文化带保护发展规划（2018年至2035年）》的5个核心组团片区之一黄花路组团。同年6月，由中国文化遗产研究院、中国文物保护基金会、腾讯公益慈善基金会、北京市慕田峪长城旅游服务有限公司等10家单位共同发起的成立长城保护联盟在慕田峪长城景区召开成立大会。2019年，农商银行信贷为支持长城文化带、着力服务首都文化中心建设，为慕田峪长城旅游服务有限公司提供授信2亿元，用于保护和利用长城资源，充分带动以长城文化为核心的文化产业发展。

根据《北京城市总体规划（2016—2035年）》，北京作为我国的首都，其目标是要建设成为"国际一流的和谐宜居之都"，在此过程中的目标是将北京建设成为在政治、科技、文化、社会和生态等方面都具有重要影响的国际化城市，同时也建设成为生态宜居的家园。怀柔区在北京城市总体规划中的功能定位为：首都北部重点生态保育及区域生态治理协作区；服务国家对外交往的生态发展示范区；绿色创新引领的高端科技文化发展区。因此，怀柔区在实现自身发展的过程中以生态环境为重要部分，逐渐形成了以景区旅游为重要内容的区域发展方向，文化旅游区成为怀柔的新发展方向。其中，长城景区旅游成为区域发展的特点，形成了以长城景区、乡村旅游等为核心的生态旅游发展态势。值得关注的是，2018年怀柔区编制完成了《怀柔区全域旅游发展总体规划》，努力创建国家全域旅游示范区，统筹怀柔区周边旅游资源，"旅游+"和"+旅游"等工作迅速开展。在具体的旅游建设中，怀柔区以景区整合为着力点，挖掘慕田峪长城、红螺寺、青龙峡等旅游景区资源，打造国家级休闲旅游度假区。从《北京市怀柔区"十三五"时期旅游业发展规划》中可以看出，怀柔区旅游经济稳

第五章 "城市—景区"双驱型乡村发展路径的形成机制

步增长,对区域经济的带动作用显著增强,表现在旅游人次的逐年上升,从 2011 年开始怀柔区旅游接待的人数已经超过了 1000 万,其次表现在旅游所创造的收入不断增加,对全区的经济贡献愈来愈显著。

长城作为我国的标志性景观,从市域层面的功能化划定到区级层面的全域旅游建设,再到镇级层面具体景区的开发,以长城为核心的旅游景区热度一直不减。北京怀柔渤海镇旅游资源丰富,尤其是人文旅游资源突出,其中以慕田峪长城为代表的遗址景观具有很高的知名度,为渤海镇的乡村旅游特别是慕田峪长城景区辐射到的附近乡村发展都奠定了基础。随着慕田峪长城景区的开发,从长城旅游观光到长城乡村旅游体验为内容的形式逐渐兴起,精品民宿每年呈现递增趋势。截至 2019 年年底,已经达到 294 家,渤海镇北沟村入选全国首批乡村旅游重点村。

可以说,以景区为辐射的区域旅游从点到面辐射周边的乡村,带动了乡村的发展,并且随着景区的转型与升级,周边乡村也在积极响应,从而完成"景区—乡村"点对点,"景区—区域"点对面的影响。在景区辐射带动下,区域仍需要提升旅游发展水平,盘活乡村闲置土地资源,推动乡村社会文化与现代科技创新融合,使得景区能够更好地影响区域的发展。以慕田峪长城景区为例,其影响远非某几个单体乡村,而是涉及区域层面,包括"长城国际文化村"的具体实践。总而言之,景区转型过程对乡村发展路径的干预力量经历从弱到强再转弱的动态过程。

5.3 "城市—景区"双驱发展模式下的政策协同影响机制

5.3.1 政策对生产要素流动的影响

在乡村地域系统中各生产要素相互联系，政策对人口、资金的流动产生重要影响。乡村的发展过程绝非单方面依靠城市要素流动的过程，而是需要实现城市—乡村之间生产要素的有效流动。首先，人口要素的流动反映在城市—乡村之间的迁移，大量人口从乡村向城市的流动使得乡村发展缺乏建设主体和动力。而政策的实施在一定程度上影响人口在空间、产业之间的流动。田仙峪村曾在国家政策的倡导下种植西洋参，凭借优势水资源发展养殖场，吸引了科技人才的流入，此后在其影响下走向了水产养殖的发展路径，依托城市市场发展水产养殖，吸引了城市人口往乡村旅游的流动。其次，政策的实施也引导了资本下乡的过程，推动了乡村地域资源的开发。在涉及长城景区开发的一系列政策影响下，慕田峪村吸引了外国投资者前来投资民宿和餐饮等，外来资本下乡带动了村民对民宿的投资。在北京市委十届七次全会提出建设世界城市的目标之后，北沟村也正在向着国际文化村、世界乡村的方向发展。在建设长城国际文化村的背景下，在政策引导下，北沟村积极申报相关的项目以获得乡村治理的资金支持，如2012年申请的怀柔区渤海镇北沟村市级乡村民俗旅游村环境与公共服务示范性建设项目。田仙峪村在民宿发展和乡村休闲养老方面一直也有政策支持和奖励。田仙峪村是怀柔区的第二个民俗旅游专业村，

第五章 "城市—景区"双驱型乡村发展路径的形成机制

北京市对民俗旅游专业村有政策性经费补贴，专门用以规范民宿管理与宣传，也为田仙峪村的民宿旅游和休闲养老发展注入了资金。

在乡村发展过程中，政策的实施或多或少能够引导人口要素和资金要素在城乡之间的流动。一方面，政策的实施为案例乡村利用自身资源吸引大城市游客往乡村的流动、因项目进村而带动人才流入（如田仙峪村的顺通养殖场）等提供了保障。另一方面，政策的实施如长城国际文化村建设的提出，为强化案例乡村依托景区的旅游基础设施的建设提供资金支持。

5.3.2 政策对土地利用和空间结构的影响

乡村内部空间的各要素是相互联系和相互作用的，政策的实施引导人口和资金要素的流动过程也对乡村土地利用和空间结构产生影响。规划的实施最初是田仙峪村顺通虹鳟鱼养殖带来的技术、人才的流入，引发了村民后来对空间利用的变化，开挖鱼池，发展水产养殖。村民的空间流动、资金输入、技术传播、资源流失等都会引起乡村内部物质空间、经济空间和社会空间重构，最终促使乡村空间演化、环境变更和文化转型等。四个村的民宿经营者在投资改造民房过程中，必然涉及对土地产权、房屋改造、融资等方面的行为规范。对于乡村区域空间结构的变革或者重构的过程，势必会涉及户籍、土地金融、社保等一系列资源配置制度和宏观政策环境的匹配和安排（龙花楼等，2016）。

从外部制度环境而言，农村土地、宅基地使用制度、土地流转制度、环境保护制度以及农村政治经济等一系列制度的实施和执行，与乡村内部的空间结构转变和建设模式的演替关系十分紧密。如田仙峪村兴起的虹鳟鱼养殖业在环保政策的影响下停滞，使得乡村的发展路径面临新的选择。当地政府宏观层面的发展规划，对乡村区域内的社会经济发展、土地利用、空间布局以及各项建设进行综合部署、具体安排和实施管理，能够引导乡村区域空间结构系统性、整体性建设和发展（邱联鸿，2019）。北沟村适时开展村庄建设规划，如基础设施规划、三年发展规划等，有计划、有目的地调控乡村地域系统及时适应和应对外部发展带来的乡村变革，防止乡村地域系统在发展演进过程中走向失衡甚至是终结的困境。

从内部制度组织而言，有效的乡村治理模式以及内部制度组织与外部制度安排的耦合联动，为乡村发展路径提供保障。北沟村在村支书的引导下设立村规民约，规范村民行为，带动村民积极参与到乡村治理和乡村旅游路径的发展过程当中。在乡村发展建设过程中，系统的、整体的、有约束力的乡规民约，对乡村的民主自治建设具有长期有效的规范性作用，使得乡村建设的主体能够共同参与到乡村发展的实践中。北沟村积极申请京郊无线上网入户试点，成为京郊无线上网第一村，使得乡村发展能够有通信设施的保障。乡村干部把握互联网时代的特征，将乡村发展接入网络时代，培养具备时代网络素质的新型村民，以顺应网络时代的趋势，满足村庄发展和村民致富的需求。乡村发展内部组织既要考量自身的资源优势，同时也要拓展思路，发展具有不同地域特色的产业，如乡村精品民宿、西方风情酒店等，都对增强地方特色、增加地方收入和提升地方知名度起到显著的作用。在综合发展的过程中，破除乡村的路径依赖，发展路径呈现出多元性，同时也能够依托自组织力量保护好乡村文化和乡村原真性。

5.4 "城市—景区"双驱发展模式下的乡村内部响应机制

5.4.1 生产组织方式的响应

在"城市—景区"的双重驱动下,乡村的生产组织方式发生相应的变化,并以新的农业生产方式和旅游生产方式进行响应。一方面,在传统型的乡村生产方式中,以农业耕种为主导,农业生产以满足自身发展为主要目的,表现为较低的生产效率、简单的生产组织以及偏低的商品化率。城市的外溢作用使乡村农业生产的市场化和现代化逐步完成,具体表现在农业生产更多地依托于城市市场,以城市市场为导向调整生产模式和产品类型。例如长城国际文化村最初的农业生产以粮食种植为主,后来经城市扩展和市场的扩张,四个村从粮食种植逐步转向果树等经济作物的种植,从苹果、梨等果树的种植逐步转变为板栗的种植,进而使得农业生产更多地服务于城市市场,城市居民成为农产品消费的主力军。在此影响下的乡村农业生产逐渐与市场接轨,生产效率的提高成为农业生产的重要转变之一,此外,在市场导向下农业生产商品化也显著提升,生产组织的模式也呈现出现代化的趋势。

另一方面,景区的辐射作用也使得乡村的生产方式发生变化,以旅游为重要组成部分的乡村生产是对景区影响的积极响应。慕田峪长城景区开发所带来的人流和物质流为乡村旅游提供了可能,游客的聚集使得旅游市场有了消费的主体,而资金和产业等相应的物质要素汇集于景区，同样对周边景区的乡村地区产生新的建构作用。长城国际文化村以新的要素生产方式来完成自身对景区旅游的响应，在景区的作用下，乡村旅游呈现蓬勃发展的态势，民宿、农家乐和养老产业不断出现，充当着乡村生产的主要方式。随着慕田峪长城景区的开发，慕田峪村、田仙峪村、北沟村和辛营村均产生以乡村旅游为主导的体验经济，虽然各村旅游业态发展不尽相同，但都反映着乡村生产组织方式的变化，同时各项体验经济也深受现代化制度的影响，组织形态也逐步规范化。总的来说，"城市—景区"的双重作用催生出新的乡村生产组织方式，并在生产关系层面促成新的状态。

5.4.2 乡村环境空间的响应

随着城市、景区资本、文化和制度的进入，乡村环境空间也发生相应的变化，表现在乡村道路的更新、准社区的形成和自然环境改善等方面，这也是乡村环境空间在适应城市、景区输入形式下的一种响应方式。一方面，城市和景区作为区域发展的增长极，其对周边地区具有显著的辐射作用，在资本下乡的过程中，乡村本身也需要应对这一变化过程。长城国际文化村在适应乡村旅游的发展过程中，物质空间发生相应的转变，其中道路交通的完善与更新增强了与外界的物理联系，同时长城国际文化村内部村与村之间的道路修建也增强了内部联系，为长城国际文化村整体性的发展提供了物质基础。另一方面，乡村土地空间利用也在积极地响应城市、景区要素的流动，具体表现在第三产业用地的增多，以应对逐渐增强的乡村旅游需求，满足消费人流的需要，通过乡村发展的空间演变便能够体现。

再者，乡村自然环境的改善也是乡村内部的重要响应方式之一。环境是人类赖以生存和发展的关键要素，其中自然环境为人类社会提

第五章 "城市—景区"双驱型乡村发展路径的形成机制

供了丰富的物质基础，使得社会得以延续和发展，乡村自然环境也不例外。在以往的乡村发展中往往不重视自然环境的建设，同时外部施加的环境压力使得乡村自然环境在一定时期内呈现不良的发展态势。随着乡村旅游体验经济的兴起，自然环境成为城市居民关注的重点，基于此，乡村以环境改善为着力点，以回应备受关注的乡村环境问题。尤其是在慕田峪长城景区辐射下的乡村地区，其环境空间不仅作为乡村体验的重要内容，同时也需要与长城人文景观形成呼应。因此，乡村自然环境的改善亦是一种对发展机遇的积极响应，并与道路等基础设施的改善一同形成乡村环境空间提升的重要内容。

5.4.3 乡村社会文化的响应

在现代化的大背景下，传统制度与落后文化将面临重构，新的制度与文化有可能是被动的形成，亦有可能是主动的响应建构。面对城市和景区的双重影响，乡村地区亟须建构新的制度文化，以促成新的社会文化氛围，进而在社会空间上形成呼应。在案例乡村的实践中，不少乡村建构出有效的治理模式，以促成乡村社会文化空间与现代化相适应。其中，在北沟村的建设过程中形成了一整套的乡规民约，对北沟村的民主自治建设做出了长期有效的规范性作用，使得乡村建设的主体能够参与到乡村发展的实践中，同时也与新的生产生活组织方式相协调。如北沟村村支书一上任便组织全村村民撰写村规民约，以便在乡村社会文化制度上形成响应，与新的生产方式和生产关系相适应，让村民能够按照村规民约参与乡村建设，为现代化企业和生产制度的进入提供合适的社会文化和制度空间。

诚然，乡村内部的响应，不仅体现在物质环境的整治，乡村人文环境的建设也为后期乡村旅游的顺利发展奠定了基础。在长城国际文化村的具体实践中,北沟村村委的制度文化响应最为显著。一是加强对村民行为的规范,以推动乡村的社会关系建设,具体内容包括环境卫生管理、畜牧和宠物养殖管理、人口与户籍、房屋出租、新建房屋与翻建房屋、承包合同、开发与征地、村内治安维护、纠纷调解、公共基础设施管理与维护、护林防火、防汛、信访、计划生育、工伤以及精神文明建设等方面,可以见得其以环境的保护与整治、土地的利用以及人际关系为主要方面。二是逐步引入现代性元素,例如逐步采用现代企业管理的模式,规范民宿的运营与管理,在观念上破除传统乡村制度的约束,从而逐渐规范乡村旅游等产业,以适应当代乡村旅游的大趋势。

5.5 本章小结

本章主要对"城市—景区"双驱型乡村发展的影响因素和形成机制过程进行了梳理和总结,阐述了乡村发展政策的协同影响,并对乡村的响应结构和响应结果进行了具体分析。本章的主要结论包括以下5个方面。

第一,"城市—景区"双驱型乡村发展路径受到城市和景区两者的共同作用。其中,城市溢出效应主要表现在旅游需求溢出、城市资本溢出和人力资本溢出三种溢出效应,并由此在市场、技术、资金和人力资本等方面带动了乡村的发展,使得乡村产业兴起、城乡人口流动、城市文化引入以及城市资本入驻。

第二,景区发展对乡村发展的辐射效应主要表现为客源供给辐

第五章 "城市—景区"双驱型乡村发展路径的形成机制

射、业态优化辐射和反向互补辐射等方面。景区在早期和中期的转型发展为乡村发展带来客源，促进了乡村涉旅业态的逐步升级。但随着乡村旅游产业的进一步发展，长城景区转变为乡村旅游的辅助配套景点，从而实现了景区的反向辐射转变。在此过程中，景区的文化、制度、资金和人力资本等资源要素向乡村地区渗透，要素之间的协同带动了乡村旅游发展。

第三，政府对乡村发展的政策体系对"城市—景区"双驱型乡村的发展具有重要的支撑和规制作用。面向乡村系统有效的生产要素政策和土地利用政策，是推动"城市—景区"双驱型乡村高质量升级的关键和基础。在多元政策的支持下，基于乡村土地、劳动力、资源和环境的本底，加上城市和景区要素的资金、技术、人力和市场等流动，乡村发展逐步完成产业升级、制度现代化、文化重构和人口流动。

第四，在"城市—景区"的双重驱动和影响下，乡村组织也在积极地进行内部响应，以完成自身发展路径的转变与升级，具体表现在乡村生产组织方式、乡村环境空间、乡村社会文化的转变，以"主动+被动"的模式打破原有路径依赖，增加内生动力，以形成多元化的发展路径。

第五，城市和景区作为乡村发展的干预机会，重构乡村的发展路径，使得乡村发展从原来的传统型、资源依赖型中解构出来，并破除乡村制度的壁垒，向着居住旅游、精英治理的方向发展，形成多层制度保护的乡村发展路径。

由此，本研究提出了如图5.3所示的"城市—景区"双驱型乡村发展路径的形成机制与互动逻辑分析框架。

"城市—景区"双驱型乡村发展路径选择与形成机制

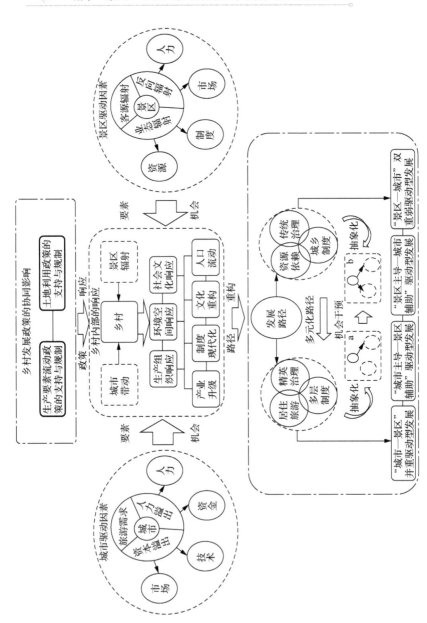

图 5.3 "城市—景区"双驱型乡村发展路径的形成机制与互动逻辑分析框架

第六章

"城市—景区"双驱型乡村发展路径模式与干预优化

"城市—景区"双驱型乡村发展路径选择与形成机制

由于城市溢出效应、景区辐射作用和乡村自身响应对乡村发展的影响和作用并非均衡，导致同处于"城市—景区"双驱型的乡村在变迁过程中分化出不同的发展类型与模式。面向乡村发展的未来，区域发展主导产业调整、乡村精英回流、农村集体建设用地入市也会为乡村发展提供相应的干预机会，并从不同程度、不同方式和不同层次刺激乡村自身发展力量的壮大，从而实现乡村的多途径发展。本章基于前文内容的分析和总结，归纳提炼出"城市—景区"双驱型乡村发展四种不同路径模式，明晰乡村发展路径的关键干预机会、优化管理方式。

6.1　"城市—景区"双驱型乡村发展的路径模式

城市发展和景区转型分别为乡村发展路径的选择提供了不同的干预机会，打破了以往乡村城市化、工业化的线性发展模式，转而呈现出多途径振兴乡村、发展乡村的局势。城市力量和景区力量干预乡村发展的过程和方式不同，反映在乡村本身，发展的侧重点也就不同。具体而言，城市和景区两种力量由于介入不同乡村的时间节点不同、空间程度不一，导致两种力量干预乡村发展的程度并未达成均衡、一致的状态。换言之，同处于双驱力量干预下的乡村，乡村发展与干预机会的契合和对接并不对称，进而呈现出乡村发展路径分异的结果。回归到案例乡村，基于城市力量和景区力量的干预时空差异，慕田峪村、北沟村、田仙峪村和辛营村呈现出"景区主导—城市辅助"驱动型、"城市—景区"并重驱动型、"城市主导—景区辅助"驱动型、"城市—景区"双重弱驱动型四种不同发展路径的选择结果。

第六章 "城市—景区"双驱型乡村发展路径模式与干预优化

6.1.1 "景区主导—城市辅助"驱动型乡村发展路径：慕田峪村

"景区主导—城市辅助"驱动型乡村发展路径是指景区在乡村发展中居于核心主导地位、城市在乡村发展中具有辅助推动作用的发展格局和路径模式。"景区主导—城市辅助"驱动型乡村发展路径本质上是一种景区分流型发展机制，景区通过资源优势牵引城市的要素资源进入景区周边，并通过要素资源的流动惠及周边乡村，景区对城市的资源牵引能力和分流水平决定了周边乡村发展的质量水平。

慕田峪村因在区域空间上邻近慕田峪长城景区，从最初的被动依赖景区发展到逐渐形成主动和景区协同融合的乡村发展路径。慕田峪村立足于慕田峪长城景区的开发，随着慕田峪长城旅游市场的扩展而获得更多的发展机遇。景区开发使得周边地区基础设施不断完善，同时景区所带来的客流量也成为邻近乡村潜在巨大的消费市场，慕田峪村便以此为发展契机，依赖于景区所带来的物质流动和人员流动促进自身的发展。慕田峪长城景区开发促使慕田峪村村民直接从农业生产转向参与景区开发后旅游相关的产业活动，例如以长城风景为主题的民宿和手工艺商店等。另外，长城景区所吸引的大量国外游客也成为慕田峪村构成国际文化村的重要基础，随着第一批外国人落脚慕田峪村，随之发展起来的西式餐厅和改造的酒店成为慕田峪村新的文化标签。显然，慕田峪村的发展路径属于典型的"景区主导—城市辅助"驱动型发展路径，有赖于景区的持续性开发与建设，景区所吸引的人流和物质流作用于慕田峪村，使得慕田峪村的发展随着景区旅游的波动而变化。

中国许多著名的自然、人文景区都位于较为偏远的乡村地域，随着这些区域的不断开发，景区内以及景区周围的乡村纷纷改变自身原有的发展路径,转变为以景区为主导驱动力量发展旅游。"景区主导—城市辅助"驱动型乡村发展路径成为许多乡村尤其是邻近景区的乡村的首要选择,它呈现出"以景区为依托中心、以城市为辅助资源、受制于景区发展"的态势。此外,"景区主导—城市辅助"驱动型乡村通过景区所带来的资本流动重塑地方的发展路径,利用景区产生的经济资本、社会资本和文化资本作用于地方性发展,其中经济资本表现在政府对景区的资金投入、景区外来游客的消费,社会资本则是景区发展所产生的社会关系,而文化资本则是多元文化的可能性交织。不可忽视的是,"景区主导—城市辅助"驱动乡村发展路径受到城市发展的影响,城市社会状况和经济走势都会影响景区人流,进而对"景区主导—城市辅助"驱动型乡村产生影响。

6.1.2 "城市—景区"并重驱动型乡村发展路径:北沟村

"城市—景区"并重驱动型乡村发展路径是指城市和景区在乡村发展中处于同等或近似的资源供给水平和主导水平的发展格局和路径形式。在这种发展路径中,乡村既能从城市主动获取要素资源,也能从景区获得要素资源,两种驱动资源都不具备绝对主导作用,从而实现驱动力量的多元化和均衡化发展。

北沟村的发展体现出对城市和景区近乎同等的路径依赖,这一发展路径的选择取决于其地理区位与发展规划。首先,北沟村具有田仙峪村和慕田峪村相似的地理区位,一方面处在城市的两小时生活圈的辐射范围内,另一方面与慕田峪长城景区相对较近,但总体上却不如田仙峪村拥有丰富的产品资源和城市资本,也不具备慕田峪村直接坐落于景区内的优势,慕田峪村与慕田峪长城景区具有强联系性,景区依赖更为显著。基于此,北沟村以两委为建设领导,以规划性的发展

第六章 "城市—景区"双驱型乡村发展路径模式与干预优化

指导为依据,在引进城市现代化技术的同时兼顾景区带来的旅游发展机遇,发展精品民宿与西方风情酒店等,进而在综合两者发展路径中创造出新的发展路径。

具有地理位置优势(位于城市有效的辐射圈和邻近景区)和发展蓝图(可操作性的乡村发展规划),但相对优势不突出的乡村地区易形成以城市和景区为双重驱动的乡村发展路径。"城市—景区"并重驱动型乡村发展路径既依赖于城市的技术、制度等要素,又受到景区要素发展的引导,呈现出"既依赖于城市又受惠于景区"的发展路径。值得关注的是,并重驱动型乡村发展路径理论上具有城市主导驱动型和景区主导驱动型两种乡村发展路径的优势,但是在实践过程中,并非两者发展路径的直接叠加,而是在两种驱动力量下形成新的发展路径,同时在路径的长期惯性上会低于前两者。"城市—景区"并重驱动型的乡村发展路径有赖于城市和景区的要素流动,在此过程中存在着要素流入不确定性的问题,作为城市和景区的依附,并重驱动型的乡村始终处于弱势的发展位置,如何增强乡村发展的自主性和独立性依然是值得深究的问题。

6.1.3 "城市主导—景区辅助"驱动型乡村发展路径:田仙峪村

"城市主导—景区辅助"驱动型乡村发展路径是指城市在乡村发展中居于主导地位、景区在乡村发展中具有辅助推动作用的发展格局和路径形式,它本质上是一种城市分流型发展机制。乡村通过主动牵引城市资源驱动乡村发展,同时接受周边景区的辐射影响,城市资源在乡村发展中具有主导性和决定性。

田仙峪村的发展体现了"城市主导—景区辅助"驱动型乡村发展路径。具体而言,田仙峪村的发展依赖于北京市区的辐射作用,村内

"城市—景区"双驱型乡村发展路径选择与形成机制

经济的增长与北京城市的人口、资金和技术紧密相关。首先,田仙峪村进行虹鳟鱼的养殖一方面得益于城市技术的溢出,另一方面虹鳟鱼销售则是依赖于城市的消费市场,因此,城市的技术和市场成为田仙峪村水产养殖业赖以发展的关键因素;其次,田仙峪村以城市居民为服务对象发展农家乐与民宿业,乡村地域的景观场所与生活体验为城市居民提供了异质性的感官体验,进而促进了田仙峪村的乡村旅游发展,乡村在事实上具有了景区发展功能;最后,田仙峪村凭借其自然—人文环境的契合,承接城市老年群体的休闲养老和城市一般居民的度假旅游,这也成为了田仙峪村经济发展的支撑。在田仙峪村乡村旅游的发展中,部分客源是从长城景区吸引并分流过来的。

这类以城市为主导驱动的乡村发展路径多发生于城市周边的乡村地区。随着城市的技术和资金的流入,乡村的发展更多地依赖于城市所创造的多元化市场,同时城市人口的经济流动使得乡村发展呈现出"以城市为主导驱动力量、服务于城市需求"的路径过程。在"城市主导—景区辅助"驱动型的乡村发展路径中,乡村以城市技术、资金支持下的产业为重要的产业,同时乡村产业的演变也受到城市发展动态的作用,随着城市的发展需求呈现出相应的变化。此外,城市也与此类乡村互为消费市场,一方面乡村生产的大部分产品依赖于城市的消费,另一方面乡村亦成为城市居民进行旅游消费的重要场所,乡村承担景区服务功能。但是"城市主导—景区辅助"驱动型的乡村发展路径依赖于城市要素,自身抵御城市要素变化的风险也会随之增加,其本质是依托城市要素的外流获得乡村发展的机会,因而具有较高的外部风险,一旦城市要素发生跨域流动或者乡村本身可利用资本的耗尽,"城市主导—景区辅助"驱动型的乡村发展路径将面临解构。

第六章 "城市—景区"双驱型乡村发展路径模式与干预优化

6.1.4 "城市—景区"双重弱驱动型乡村发展路径：辛营村

"城市—景区"双重弱驱动型乡村发展路径指城市和景区对乡村发展呈现弱资源供给状态，两者对乡村发展均不具有主导地位和决定作用的发展格局和路径形式，它本质上是一种传统的自我驱动型发展机制。

辛营村在发展过程中受到城市和慕田峪长城景区的弱驱动影响，辛营村向城市输出许多青壮年劳动力，而这些劳动力反馈一定的经济资本最后作用于乡村发展；同时受景区发展的影响，辛营村也在积极谋求乡村旅游发展路径，开设民宿、农家乐等以旅游者为目标客户的产业。显然，"城市—人—乡村"的影响传递模式作用有限，以城市和景区为驱动的产业的发展呈现动力不足的现状。因此，辛营村发展以原有农业为主导，缺乏乡村其他发展路径的有效激活，属于"城市—景区"双重弱驱动型乡村发展路径。

在乡村地区普遍衰落的大背景下，"城市—景区"双重弱驱动型乡村发展路径似乎成为大多数偏远乡村地区发展的常态，它主要表现为缺乏超越自身原有的发展路径，依赖于自然环境本底和人文社会基础，未经过有效的路径变换或在突破原有的路径依赖上存在较大的难度。在发展优势不显著且缺乏可操作性规划引领的乡村地区，发展路径依赖的惯性较大，很容易按照原有的路径发展，从而呈现出"城市—景区"双重弱驱动型发展格局，并呈现出"以资源本底为核心、缺乏发展新动力"的路径特点。

综上所述，"城市—景区"双重弱驱动型乡村在城乡综合体中始终处于边缘地位，乡村发展路径相较城市、景区的发展缺乏多要素的驱动，并且在发展过程中受到城市、景区等核心区的影响和制约。

"城市—景区"双驱型乡村发展路径选择与形成机制

诚然,乡村地域无论选择何种发展路径,实质上都是核心区扩散的结果,受制于核心区要素的流入。尽管城市、景区主导驱动型的乡村发展路径能够为乡村带来发展,但对城市、景区都存在不同程度的依赖,会对城市、景区所携带的生产要素有所妥协,并导致乡村发展形成路径依赖,从而固化乡村的边缘地位。因此,在乡村发展路径上亟须打破依赖关系,增加乡村发展的干预机会,从多层制度建设上保障城乡交互关系的平等性与持续性。在现代性的社会中,乡村发展需要从多途径来实现,多元化的发展路径有利于弥补乡村的脆弱性。

6.2 "城市—景区"双驱型乡村发展的干预机会

6.2.1 干预机会的概念及其解释力

干预机会(Intervening Opportunities)是由美国芝加哥大学教授 Stouffer 于 1940 年提出的,是关于流动性和空间距离的理论,描述了现实空间作用关系——迁移一定距离的空间要素的数量与迁入目的地的机会数量成正比,而与流动过程中相遇的干预机会成反比,即空间要素的流动中受到"机会"的作用而发生路径变化的过程。干预机会的关键在于空间的变化,要素从空间的某一区域转移到另一区域,表现在空间要素的探索与选择过程(Jayet,1990)。在要素的流动过程中干预机会也至关重要,是空间互动的重要因素,对地区的发展具有建构性的影响,例如有学者关注干预机会在劳动力目的地选择上的关键作用,使得空间取得竞争优势(Raphael,1998);亦有学者探讨干预机制在地区旅游目的地的重要影响,肯定了干预机会在旅游地发展和旅游地竞争力提升上的作用(Pan et al,2005)。21 世纪以来,国内

第六章 "城市—景区"双驱型乡村发展路径模式与干预优化

学者开始逐渐关注干预机会,并译作"介入机会"运用于学术研究,但就目前而言,国内关于干预机会的实证和理论研究并不充分,而干预机会在乡村路径的解释和梳理上具有独特的作用。

在干预机会的延伸的概念中,"发展干预"和"流动性"因其与路径依赖存在着密切的关系而值得关注。首先,干预机会产生作用的过程关键在于"干预"这一环节上,进而对地域的发展产生影响。发展干预则是在某一地域为了实现某一既定的发展目标而进行的人为的努力,可以说是干预机会的一种直观表现。从实施干预的主体出发,发展干预可以分为国家干预和组织干预两种基本类型(方劲,2013)。其中,国家干预是通过国家政策、规划和具体的项目介入地域的发展,在发展的控制方面发挥着塑造作用,在后结构主义和新自由主义盛行的当代,国家干预在复杂地域上能够把握发展机会(Bebbington,2000),尤其是在偏远边境地区非正义性发展路径的干预上,例如,地域跨国毒品、麻醉药物发展的军事干预(Su,2016)。此外,非政府组织的干预在小尺度地域的发展中扮演着重要角色(Bebbington,2004),例如,乡村精英(如村委会、党委会)在乡村经济、政治发展中的介入,进而使得乡村发展呈现出蓬勃态势,特别是在乡村旅游的发展上,可以说乡村旅游作为一种发展工具的作用日益增强,组织干预在很大程度上放置在了这一路径的机会上(Harrison,2008)。

其次,流动性关注的是要素的迁移过程,要素的流动状态导致发展路径的变化。而路径依赖本身就蕴藏着依托要素的固定性,诸如技术、制度、区位等要素的依赖(刘志高 等,2008),因此,要素的流动势必是对发展路径依赖的一种重构。在流动性的要素中,土地、劳动力、资金、技术和信息等备受关注,这些要素不同于区位、资源、气候等具有稳定性,不具备短期流动的能力。流动性要素能够在有限的干预下对发展路径起到深远的影响,例如,人力资本要素从城市向乡村地区的流动能够对农民工回乡创业起到有效的激励效应，进而对乡村发展路径起到干预机会的效果。

6.2.2 干预机会一：区域发展主导产业的推动

乡村发展不仅仅是小尺度的空间发展，还应放置在更加宏观的尺度展开分析。宏观尺度的战略尤其是重大的宏观战略对乡村发展有着方向性的影响，而根据尺度的大小可以分为国际战略、国家战略和区域战略等。在本书案例中，发挥影响的主要是后两种。

首先，国家战略对乡村发展起到引领作用。国家对乡村地区发展的关注从未停止，尤其是步入21世纪以来，国家出台了系列性的战略应对乡村发展不充分的问题，诸如新农村建设、美丽乡村建设和乡村振兴战略等。其中，新农村建设（全称社会主义新农村建设）从2005年开始实施，其关注乡村地区的人居环境，旨在整治乡村地区自然和社会环境，推进乡村地区的经济、政治、文化、社会和法治建设，提升乡村居民的素质，其具有覆盖内容广的特点，在此过程中乡村人居环境备受关注并得到相应的改善与发展。在新农村建设的号召下，2013年国家在中央"一号文件"中正式提出了"美丽乡村建设"。美丽乡村建设作为新农村建设在新阶段的战略，侧重于乡村基础设施的建设和环境的治理，在该战略的影响下，全国乡村环境得以改善，并涌现了一批各具特色的国家级"美丽乡村"。而乡村振兴战略则是在党的十九大（2017年10月18日）报告中提出来的，其关注农村、农业、农民三个方面，以乡村改革、精准扶贫等举措实现城乡一体化，使得乡村获得更多的发展机遇。

区域战略在整个国家战略之下，是对区域发展的更加具体、细致的安排，因而对区域产业发展具有主导性的影响。乡村发展受制于整

第六章 "城市—景区"双驱型乡村发展路径模式与干预优化

个区域发展的方向,主导产业也受到战略计划和其他随机发生因素的影响。北京市总体规划中对怀柔区的定位是生态涵养区,生态保护是其首要任务,进而实行了严格的环保政策,田仙峪村被迫关停了怀柔品牌"虹鳟鱼"养殖。从低一级尺度来看,怀柔区以乡村旅游为区域发展方向,《北京市怀柔区全域旅游发展总体规划》以全区为空间范围纳入旅游规范中,并明晰每一具体区域的发展定位。例如,怀柔区规划建设"国际长城文化村",将田仙峪村、慕田峪村、北沟村和辛营村纳入战略安排之中,四个乡村也相应获得了发展机遇,一方面完善乡村的基础设施,另一方面建构起乡村的品牌。2013 年,慕田峪长城综合服务区于怀黄路与慕田峪路交界处破土动工,目的是建成"国内领先,世界一流"的国际休闲旅游度假区,并作为 2014 年 APEC 峰会的配套改建工程。但是并非所有的乡村都按照战略计划发展乡村旅游,其中随之出现的乡村企业成为乡村发展的主导产业,同时也有乡村并没有因此而获得发展,而是保持原有的发展路径。可见,乡村作为小区域尺度的发展,深受整个时代的影响,国际—国家—区域尺度的战略在各种程度上都对乡村发展起到很大程度的影响,在多层次的发展战略的作用下,主导产业可能发生变化,这种变化也会使得乡村发生路径变化。

6.2.3 干预机会二:回流的乡村精英的引领

乡村精英一直作为乡村发展的重要引路人而备受关注,从古代乡村地区的"乡绅治理"到当今的村委会党委会自治,乡村精英在乡村发展中始终扮演着关键的角色。本村精英依靠着地方性的情感链接与空间关联出现乡村回流现象,在乡村发展路径的选择上扮演着代理人、当家人和经纪人等重要角色(李里峰,2017)。在北沟村和慕

"城市—景区"双驱型乡村发展路径选择与形成机制

田峪村都出现了本村精英的回流,并对本村发展路径变化起到很大程度的影响。

北沟村的发展是乡村精英引领的典型代表。在北沟村,王全回村竞选村支书,对北沟村的整体发展起着关键性引领和带动作用,他主要从三个方面对乡村治理产生了影响。第一,王全作为政治精英本身具备经济地位、威望和村庄事务的组织协调能力。通过访谈得知,王全村支书在北沟村实施的一系列乡村治理措施与其个人生活经历相关。王全成为村支书之后,就带领村委会组织村民开展了一系列乡村环境整治活动,如道路硬化、责任区制的卫生维护、污水和自来水改造等。

第二,重视维护社会规范和提倡道德舆论。王全组织村干部外出学习,并和干部们一起敲定了《北沟村传统文化教育活动实施方案》,通过传统文化教育提高村民素质,为北沟村的长远发展营造良好的文化氛围。村支书并不是简单号召村民学习,尝试改变灌输式学习传统文化的方式,而是结合传统节日民俗活动,通过走访村民、互相交流等方式,激发了村民学习传统文化的热情。村里定期组织村民学习《弟子规》《三字经》《论语》《庄子》等传统经典,用发毛巾、洗衣液等小礼品的方式来激励村民参与学习,成立了道德评议小组,组织开展评选表彰活动,促进了村庄和谐文明的形成。

第三,重视对乡村产业的培育、充分利用社会资源、弘扬现代观念和推动社会合作。北沟村紧邻慕田峪长城,地理位置优越,发展乡村旅游产业的条件得天独厚。除了发展传统农业外,外籍人士到村投资、居住和改建民宿和酒店,让村支书意识到这是一个促进北沟村发展的机遇,村支书王全带领村民逐步推进民俗旅游发展。村委会在一定程度上支持外来者的进入与投资。在乡村旅游发展过程中,以王全为代表的政治精英也重视把握旅游者、经营者及村民等各方权利主体需求并协调好各主体的关系。这样一个京郊乡村的村支书还被推选为

第六章 "城市—景区"双驱型乡村发展路径模式与干预优化

全国人大代表,其在 2013 年全国人代会上提出"关于缩小农村村民养老与城镇居民养老差距的建议"和"关于允许合理利用农村闲置建设用地的建议",是其长期扎根乡村、关注乡村发展的思考。王全作为社会关系网络的连接者和外部网络资源的拓展者,其鼓励村民学习外籍人士改建房屋特点的做法,将北沟村的村民推进更大的、更开放的社会网络中,村民对外的信任度提高,更有利于乡村内外的合作。村支书还关注农村闲置房屋利用问题。北沟村通过采取房屋使用权流转、房屋出租等方式,将这些闲置房屋纳入当地旅游开发项目中,不仅促进了农民就业增收,优化了乡村空间治理,也推动了北沟乡村旅游的发展。

而在慕田峪村的发展过程中同样存在着本村精英的回流建设。慕田峪村的"望山园"民宿女主人早期在慕田峪村景区门口售卖过工艺品,在长城补票口做过快餐店,在 2014 年金融街控股接管慕田峪景区之后,摊位下移到商业街,果断放弃了摊位经营,做出具有前瞻性的判断,"觉得生意没有办法做了,那时候就很想做民宿,想专职做个民宿"。女主人儿子以前在怀柔区工作,而后又在北京市区某事业单位工作,但是由于早出晚归、收入也不是很高,遂决定回家帮助母亲一起经营,成为慕田峪村外出工作后第一位返村经营的"80 后"。除了在慕田峪村利用自家自住房屋开设民宿,还在怀柔区雁栖湖附近开了自己的第二家民宿。慕田峪村的"望山园"的经营者是从城市返回乡村全职从事旅游经营的"80 后"第一人。这样的青年人从小接受了良好的教育,在外工作也开阔了眼界,有自己对乡村旅游的理解和认识,同时也掌握计算机技术和精通互联网运营,相较于普通村民,对新时期的旅游经营等问题反应更迅速,应对更容易,有利于形成稳定的客源。同时,利用私家车对客人提供额外附加服务,使得生意经营在互联网上的口碑越来越好,生意也越来越顺。村里的其他民宿经营者，大多数是村里的老人留守在家帮忙照看民宿，儿女在外上班，兼顾一些网络咨询和客人预定。因为不是常态化和专业化的经营，所以人气和口碑就要弱很多。

本村精英回流对乡村发展路径选择带来的影响非常直接也很深远。首先，本村精英回流标志着"乡村"提供给个体的发展机会与"大城市"相比也是具有吸引力和竞争力的。这会给本村的居民直接的信心，为乡村振兴奠定民心基础。接下来，回流的精英对于乡村未来发展路径的选择和判断，正是回应"他为什么回到乡村中来"的答案。基于对本村外出发展取得成功的精英人士能力的信任，也基于对这样的精英愿意回村带领大家一起发展的信任，回流精英在村内成为新的意见领袖，具有很强的凝聚力，容易在乡村内部达成共识，从而实现共同发展。此外，在外发展的年轻人回到村庄中依然是具有竞争优势的"村内精英"，他们作为个体的选择说明，在外打工的投入产出效益与回村经营自家民宿的投入产出效益之间的平衡正在发生变化，也就是受访者表达的"无奈之举"。虽然有主动和被动回村的差别，但是两个典型事件反映同一个事实，那就是乡村在与城市竞争人才的天平中开始表现出某些优势。而这些人才的返乡又为乡村发展注入了新的活力和动力，他们具备对接外部资源的能力，有着超越本村村民的视野和判断能力。他们回村之后的个人投资和发展选择，也在影响着其他村民的判断和决策，从而影响乡村发展路径的选择。

6.2.4 干预机会三：农村集体建设用地入市政策的推动

土地作为乡村地区首要的资源一直是其发展的物质根基，可以说乡村地区的一切开发都离不开对土地资源的利用，无论是传统的农业生产、工业生产还是旅游业态的开发，都涉及乡村土地的使用。长期

第六章 "城市—景区"双驱型乡村发展路径模式与干预优化

以来,乡村土地制度一直困扰着乡村地区的发展,具体表现为城乡二元土地制度使得乡村土地与城市国有土地的地位不平等,导致城乡发展的巨大差距和城乡财富的不均衡;同时乡村土地在法律制度上归属于乡村集体,但集体用地存在产权虚位、权属不清等问题,导致乡村建设用地的利用效率低下、集体建设用地流转困难等问题(苟小江,2017)。一方面,国家对乡村耕地实行严格的保护,并在2019年8月26日第十三届全国人民代表大会常务委员会第十二次会议上对《中华人民共和国土地管理法》作出修订,将"基本农田"修改为"永久基本农田",体现了国家对于乡村耕地管理与保护的坚决态度。另一方面,乡村的发展振兴,以及农民利益的有效获得都离不开土地的建设与开发,在2019年8月《中华人民共和国土地管理法》的修订中,农村集体建设用地入市制度改革备受关注。

农村集体建设用地入市的讨论由来已久,关于农村集体建设用地的研究涉及了法律层面的建设、经济建设的思考和乡村发展的探索等方面。诚然,农村集体建设用地入市指的是乡村地域符合建设用途的集体用地进入市场流通,包括经营性建设用地和农民宅基地,但绝非等于一切集体土地都可以入市,永久基本农田被排除在外(于定明,2019)。同时,国家对农村集体建设用地入市有着明确的入市条件和管理限制,此外,国家允许进城落户的农民依法自愿有偿退出宅基地,鼓励农村集体经济组织及其成员盘活利用闲置宅基地和闲置住宅。在2020年1月1日正式执行的新《中华人民共和国土地管理法》中允许集体建设用地入市的规定之前,农村集体建设用地入市一直处于不合法的状态,农村集体建设用地入市的唯一合法途径是政府的合法征收,这一直阻碍着农民分享工业化、城市化成果和乡村土地的增值(唐健等,2019)。在建立城乡统一的建设用地市场的号召下,农村集体建设用地入市在土地隐性市场中长期存在,面对市场经济、工商业发展和城市不断扩张的时代趋势,农村集体建设用地入市的合法化对于解放乡村活力的再生具有重要意义(丁琳琳 等,2016),也是进行乡村改革的重要举措。在土地制度不断改革的过程中,应该把握乡村发展的制度机会,并在此过程中形成多层级的制度保障机制,这也是乡村发展路径上值得关注的问题。

6.3 "城市—景区"双驱型乡村路径模式的优化管理

6.3.1 "城市—景区"双驱型路径模式的优化机制

(1) 基于主被动结合的路径优化机制

乡村发展路径总是基于自身现状与潜在动力综合形成的。其中,乡村自身状况在较长的历史时期内具有不可变动性,而乡村潜在动力有利于发展路径的优化。在乡村发展路径优化上存在着被动优化和主动优化两种模式,使得乡村发展出现"道路分岔口",从而实现乡村发展路径的重构。乡村路径的被动优化来自国家政策的调整,例如,在近十几年来,国家鼓励并支持乡村旅游的发展。2018年12月,国家发展和改革委员会联合各部委印发了《促进乡村旅游发展提质升级行动方案(2018年—2020年)》,鼓励引导社会资本参与乡村旅游发展建设,乡村旅游成为许多乡村地区发展的新路径,同时也在很大程度上优化了乡村发展模式。"长城国际文化村"的提出和执行成为北沟村和辛营村发展路径中的道路分岔口,也让这些乡村的发展有了一种新路径探索与优化,而慕田峪村和田仙峪村也因为这样的特殊事件开始让原来只是模糊的前进道路变得更加明确,随之而来的发展"道路分岔口"重塑乡村发展的路径模式。因此,把握被动优化所带来的

第六章 "城市—景区"双驱型乡村发展路径模式与干预优化

潜在动力成为乡村发展不可忽视的着力点。

此外,乡村发展路径的主动优化也很关键。乡村打破原有发展路径依赖,根据乡村自身的要素,通过突破原有乡村要素组合找到发展道路的分岔口,主动优化包括优势资源的强化和劣势资源的摒弃。乡村所拥有的区位条件、自然资源禀赋、土地要素等很难从根本上改变,但乡村基础设施可以不断完善和改造,乡村风貌的维护、乡村环境的优化确实可以通过村民的共同努力而实现,村民的主人翁意识、对乡村归属感的增强,也会让越来越多的村民留下来甚至让外出村民回流。目前,中国的乡村存在着大量的人口外流现象,出现这种情况的乡村往往缺乏乡村内部精英引导,因此,如何吸引人才返乡或者下乡建设也很重要。例如,北沟村的村支书就成为北沟村的代言人,在乡村的对外宣传、招商引资等方面都发挥着关键的作用,并且这样的乡村精英可以成长于村、反哺于村,对本村发展的症结顽疾很清楚,打破了乡村的人情社会,采用制度治村,也把握住了乡村发展过程中几个重要的"道路分岔口",推动了乡村建设和发展。因此,在发展路径上可以从被动优化和主动优化模式上着力,把握乡村发展的"道路分岔口",实现乡村的发展。

(2)基于内生力强化和择优比较的路径优化机制

长城国际文化村的实证案例分析表明,即使乡村地域特征、资源禀赋与区位条件相近,但是随着时间推移,会呈现出乡村发展类型多样、发展阶段相异的结果。对于发展比较突出的北沟村而言,其在每个重要发展阶段都做出了较优选择,特别是抓住了乡村产业转型的历史机遇,积累了发展资金和经验(曹智 等,2019)。具体而言,主要是乡村建设领导者、有效的乡村治理模式、不断注入和更新技术支撑、本土元素与西方元素融合发展决策,都是其能够在每次转型中脱颖而出的关键优势,所呈现的路径依赖并不显著;相对而言,慕田峪村、

"城市—景区"双驱型乡村发展路径选择与形成机制

田仙峪村和辛营村都在不同程度上面临着对资本、资源的依赖，环境牺牲，人才不足等问题，增加了乡村发展的难度，也导致了发展路径选择的时候主动权不凸显。如何在乡村发展"道路分岔口"做出较优选择，是困扰诸多乡村发展的普适性问题，必须结合村庄发展现状、资源基础、区位条件和发展机遇，通过发展主体及其协作组织的观察评估、激发整合、统筹规划和联合行动（曹智 等，2019），适时推动乡村转型发展。

6.3.2 "城市—景区"双驱型路径模式的优化方向

"景区主导—城市辅助"驱动型乡村一般拥有规模和比率占优势的旅游业态，城市的要素资源主要由周边景区牵引和分流而来。慕田峪村就属于此种发展模式。从优化方向来看，慕田峪村应该进一步提升旅游经营的专业化水平，加大旅游业态的规模和发展质量，在景区的互动中提升主动性，并实现对城市要素资源的主动吸纳和利用，从而强化和提升自身的资源掌控能力，实现独立自主而非依赖性的乡村发展。因此，强化旅游发展规模和质量、提升资源掌控能力是"景区主导—城市辅助"驱动型乡村走向独立自主型发展的关键。

"城市—景区"并重驱动型乡村一般能同时从城市和景区获取到要素资源的供给，但是城市要素资源和景区要素资源都不能占据绝对主导地位。北沟村就属于"城市—景区"并重驱动型乡村。从优化方向来讲，北沟村应该进一步强化资源吸纳能力，形成自身的核心主导产业与核心竞争力，通过独特优势的形成来实现优质资源的引入。例如，打造有特色的民宿、餐饮或建构具有特色识别性的乡村景观环境，或者建构能够吸引城市居民的文化符号等。强化特色建设、引入优质资源、强化双元力量的驱动作用，是提升"城市—景区"并重驱动型乡村发展效率的关键。

第六章 "城市—景区"双驱型乡村发展路径模式与干预优化

"城市主导—景区辅助"驱动型乡村一般拥有较强的城市资源供给，同时也拥有景区辐射带来的发展机会，但是城市的主导驱动易使乡村停留在优势农业产业活动中，产业结构较为单一。田仙峪村就是以水产养殖作为主要的产业业态。从优化方向来看，田仙峪村应该逐步强化景区驱动力量，通过旅游经营比重的增加改变和优化现有的产业结构，实现第一产业、第二产业和第三产业的协调发展，并由此给水产养殖带来更高的价值增值机会。依托优势产业来提升旅游发展规模，并实现乡村产业结构的优化，是"城市主导—景区辅助"驱动型乡村提升发展水平的关键。

"城市—景区"双重弱驱动型乡村通常是发展水平较低的乡村，它虽然能从城市和景区获取到一定的要素资源，但这种资源获取能力和水平并不太高。如辛营村就属于"城市—景区"双重弱驱动型乡村。从优化方向而言，辛营村应该积极寻找主导驱动力量，无论是依托城市溢出形成主导产业，还是依托景区辐射发展旅游产业，都可以成为改变弱势现状、实现乡村发展变迁的起点。因此，通过挖掘主导驱动力量，强化优势资源的发展和带动能力，推动发展路径的优化变迁，是"城市—景区"双重弱驱动型乡村改变现状的关键。

6.4 本章小结

本章主要对"城市—景区"双驱型乡村发展的路径模式进行了概念总结和案例分析，以此明确双驱型乡村发展模式的主要特点。在此基础上，进一步分析了双驱型乡村发展中的关键干预机会，并提出了路径模式的优化策略。本章的主要发现如下。

"城市—景区"双驱型乡村发展路径选择与形成机制

第一,"城市—景区"双驱型乡村发展路径可细分为"城市主导—景区辅助"驱动型、"景区主导—城市辅助"驱动型、"城市—景区"并重驱动型、"城市—景区"双重弱驱动型四种不同的路径模式,它们体现乡村对城市和景区分流资源的利用格局与方式。

第二,乡村地域无论选择何种乡村发展路径,实质上都是城市和景区资源扩散的结果,受制于城市和景区要素的流入。在这种格局下,乡村发展是对城市、景区的一种依赖,是对城市、景区所携带的生产要素的一种妥协,它导致乡村发展形成路径依赖,并固化乡村的边缘地位。提升自身的资源创造能力、打破这种边缘地位,是乡村获得可持续发展的关键。

第三,在乡村发展路径的动态变迁过程中存在诸多关键性的干预机会,对这些机会的把握会影响乡村发展路径的改变。其中,区域发展主导产业的推动、回流乡村精英的引领、农村集体建设用地入市政策的推动等,都是会影响甚至成为改变乡村发展路径的关键干预机会。

第四,乡村既要接受被动干预带来的优化机会,也要主动创造条件推动发展路径优化选择。同时,乡村本身应充分认知和强化自身的资源优势,并在关键节点进行发展道路的择优比较,以此实现发展路径的优化调整。

第五,在路径模式的优化上,"城市主导—景区辅助"驱动型乡村应该致力于强化旅游发展的驱动作用,并通过旅游发展来优化乡村的产业结构;"景区主导—城市辅助"驱动型乡村应该致力于提升旅游发展的治理水平和发展规模,提升资源掌控能力,通过高质量成长获得高质量发展;"城市—景区"并重驱动型乡村应该引入优质资源,强化双元力量的驱动作用,以提升发展效率;"城市—景区"双重弱驱动型发展路径应该积极寻找主导驱动力量,强化优势资源的发展和带动能力,推动发展路径的优化变迁。

第七章

结论与展望

"城市—景区"双驱型乡村发展路径选择与形成机制

本章首先对研究的主要内容进行系统性梳理；其次，结合既有研究成果，对比本书研究内容、过程与结论，总结了本书研究的理论贡献；最后，对研究存在的局限进行反思，同时对未来乡村研究做出展望。

7.1 研究主要结论

本书以北京"长城国际文化村"为实证案例，综合使用访谈、文本资料、"事件—过程"等数据获取和分析手段，系统性地梳理了四个案例乡村发展路径演化的动态过程，对其发展路径的阶段性特征进行了阐述，并对乡村发展路径的空间演变特征、发展路径的形成机制、路径模式及其干预优化等进行了探究，主要获得如下结论。

7.1.1 "城市—景区"双驱型乡村呈现非线性、多元化发展演化过程

城市、景区和乡村自身多元力量共同驱动乡村发展路径演变呈现出非线性、多元化特征。通过对"长城国际文化村"四个村发展过程的梳理发现，农业是乡村发展的共同起点，但是慕田峪村由于距离慕田峪长城景区更近，在景区开发利用的初期，便选择与长城修复、景区开发同步发展旅游。同时期其他三个村并没有被纳入慕田峪长城景区发展范围中，仍然是在农业中探寻乡村的出路，但三个村的发展路径也并非完全一致。北沟村由于乡村精英的介入，物质环境和人文环境得以整治优化，呈现出乡村发展探索的主动性；田仙峪村除了采取单一农耕发展模式，结合自身的水资源优势，选择水产养殖来脱贫致富、带动乡村发展；而辛营村在这一阶段却停滞于单一传统农业的发展道路。

第七章 结论与展望

随着时间推移，四个乡村的发展路径随之转型。在城市和景区双重力量的介入和影响下，四个乡村都实现了从单一农业产业发展方式向多样化路径转变。从四个乡村的演化历程可以发现，乡村发展演变逐渐摆脱了对农业的过度依赖和单一的生产功能，也并没有简单、粗暴地沦为城市的附属，抑或是单调、统一走城镇化道路，这些乡村在内外部多重力量综合作用下，呈现出复杂的非线性过程，并在同一区域内分化形成不同的发展路径，形成了区域内发展路径的分异。具体而言，案例乡村的发展一方面共同受到了城市溢出效应和景区转型的辐射作用，另一方面由于景区发展、城市影响对乡村发展的介入时间早晚不同、影响程度深浅不一，导致四个乡村发展路径分异为"景区主导—城市辅助"驱动、"城市—景区"并重驱动、"城市主导—景区辅助"驱动以及"城市—景区"双重弱驱动四种不同路径选择结果。乡村发展路径在城市、景区、自身多重力量过程中，城市力量、景区力量对乡村发展的影响和作用是动态变化的，乡村发展路径也不会一成不变，而是在持续发展过程中，原有的路径依赖逐渐被打破，不断探索和创造出新的路径。因此，乡村发展是一个非线性、多维度、动态性的持续过程，乡村发展路径也是多类型和多元化的。

7.1.2 "城市—景区"双驱型乡村发展路径以土地利用的空间演变扩大呈现

土地作为乡村地区的核心首要资源，一直是其发展的物质根基，可以说乡村地区的一切开发都离不开对土地资源的利用，乡村发展路径的演变必然涉及乡村土地利用方式的转变。四个乡村以土地利用的空间演变进一步呈现了乡村发展路径在城市和景区多元力量驱动下

"城市—景区"双驱型乡村发展路径选择与形成机制

的动态历程。根据四个案例乡村调研分析发现，林草地、水域、居民自住空间呈现降低态势，餐饮服务、民宿酒店、旅游交通、商业购物、休闲娱乐、餐饮住宿综合型空间和公共服务用地呈现扩张和上升态势。这就意味着乡村农业生产、村民生活空间都在逐渐缩小，因为城市旅游需求的休闲化、度假化，景区完善过程的客源引流，乡村旅游配套服务日益完善，配套的公共服务用地日益扩张。换言之，土地利用的空间演变实际上是乡村发展路径更迭的缩影，空间形态、乡村聚落风貌和乡村经济形态都映射在土地利用变化过程之中。

具体而言，辛营村仍是以传统的土地要素与劳动要素利用为主导，主要通过土地种植和劳动力输出来维持乡村的基本生产。而慕田峪村、北沟村和田仙峪村已经演化成为以资本要素、技术要素作为支撑的乡村发展模式。土地要素与其他生产要素的不同组合在很大程度上决定着乡村发展的不同路径，各要素的协同与分异在其中充当着重要的作用。固然，多要素的协同是具体化的实践过程，多要素的协同性反映在乡村发展过程的共同作用与互相支持，要素间存在直接的或是间接的联系。而不同要素的分异则表现在产生影响作用强度差异的乡村生产要素，产生主导作用的生产要素的分异催生出差异化的乡村地域发展路径。

此外，土地利用的空间演变也回应了城市与景区作为区域增长的重要引擎，对周边地区经济发展具有带动作用。21世纪以来，田仙峪村、慕田峪村和北沟村围绕北京城区和慕田峪长城景区的迅速发展而呈现蓬勃发展趋势。北京城区和慕田峪长城景区作为经济的增长极，逐渐辐射扩散到周边地区，使得田仙峪村、慕田峪村和北沟村的土地利用类型发生演变，具体表现为承接城市资本和技术作用下的产业用地增加、乡村房屋因景区发展演变为民宿、酒店等经济形态。同时，城市和景区都作为要素外溢的集聚"点"，在资本、技术等外溢过程中形成要素聚集的乡村"点"。田仙峪村、慕田峪村和北沟村则成为城市和景区要素承接的集聚"点"，其中，慕田峪长城景区与田仙峪村、慕田峪村和北沟村具有地理空间上的邻近性，因而能够产生连接两个集聚点的发展"轴"，沿"轴"则又聚集相关产业在乡村区域内发展。

7.1.3 乡村发展路径演变受城市溢出、景区辐射和乡村响应共同影响

乡村发展路径演变并非乡村内部单一作用形成的，城市和景区作为外部驱动力对乡村发展路径选择影响巨大，城市和景区的动态发展，对乡村发展的影响也是动态变化的。就城市而言，城市居民旅游需求从观光到休闲体验的转换，刺激着四个乡村发展路径转型，"吃在田仙峪、住在北沟村、游在慕田峪、购在辛营村"的发展部署，便是最好地验证。城市资本流入、城市人才进入成为乡村发展转型的引子，也成为乡村发展的重要支撑力量。从直观层面而言，城市溢出效应改造了乡村的物质环境，更深层次而言，乡村的整个社会经济结构都随着城市力量介入而不断变化。值得注意的是，在城市溢出效应作用之下，四个案例乡村并没有完全依赖城市力量的带动，摒弃自身乡村特色，乡村也并非繁华城市的背景板，呈现出城乡失衡的状态，村民也并非只充当社会发展的旁观者角色。相反，城市精英的反向流入扭转了以往乡村精英单向涌入城市的局面，进而促使城市力量更多地成为乡村发展的催化剂。

就景区转型发展而言，慕田峪长城景区从粗放式开发到成为国家

5A级景区到景区的所有制改革,景区的转型升级对四个案例乡村产生了动态的影响作用。20世纪末期,慕田峪长城景区刚开放阶段,景区的辐射能力和带动发展能力相对较弱,带动最为明显的便是空间距离上最近的慕田峪村,对其他三个村的影响甚微。随着景区进一步地开发和发展,游客大量涌入,其他三个村在不同程度上都受到了景区发展的影响,并将乡村部分供给转换对接景区或者游客发展需求。目前,案例乡村已经通过不断规划、探寻成长为独立的乡村旅游目的地,对景区发展的依赖逐渐减弱,也反向证明了景区转型升级的过程,对乡村发展的辐射范围日益扩大,但是对乡村发展路径的影响力经历弱转强再转弱的动态历程。

就乡村自身发展力量而言,乡村发展路径的演变,不仅仅是城市、景区外力作用决定的,也是乡村对城市力量、景区力量的响应过程,更是自身面对内外不同干预机会的探索过程。长城国际文化村的实证案例表明,即使乡村地域特征、资源禀赋与区位条件相近,但是随着时间推移,会呈现出乡村发展类型多样、发展阶段相异的结果,主要是在于乡村建设领导者、乡村治理模式、技术更新、本土元素与西方元素融合发展的内部影响。发展主体及其协作组织的观察评估、激发整合、统筹规划和联合行动,如何激活乡村发展内生动力,对乡村发展路径选择至关重要。

7.1.4 区域产业调整、乡村精英、集体建设用地入市是乡村发展的关键干预机会

乡村发展没有终点,只有起点,也就意味着,乡村的发展最终会突破路径依赖,实现路径创造和路径生产。研究发现,面向乡村未来的发展,乡村在城市、景区多元互动中将面临一系列的干预机会,本

第七章 结论与展望

书重点分析了区域产业调整、乡村精英回流、农村集体建设用地入市政策实施等关键干预机会对乡村发展路径的影响和作用。乡村发展需要放置在更宏观的尺度去考虑，整个区域发展战略计划的转变、区域发展方向的调整，会改变整个区域产业的结构。正如怀柔区规划建设"国际长城文化村"，将田仙峪村、慕田峪村、北沟村和辛营村纳入统一战略安排中，四个乡村随之获得相应的发展机遇，一方面完善乡村的基础设施，另一方面逐渐建构起区域内部差异化的乡村品牌，这就确定了四个乡村未来发展的侧重点不同。

乡村精英是乡村发展的主体力量，乡村发展要依靠乡村精英的倡导和推动。首先，乡村精英回流的最直接的作用便是提供乡村发展的信心和内部凝聚力，促进乡村发展的内部认同。乡村精英回流和领导，一方面代表了他们对乡村发展的积极预判，促使乡村内部群体对于乡村未来发展路径选择的信任感和认同感，能够更大程度地激发乡村内部发展的活力和积极性；另一方面乡村精英回流不仅是人的回流，更是资本、发展理念、新技术的流入，能够更好地对接外部发展的驱动力量，结合乡村优势，实现乡村发展路径的创造和新路径的生产。

土地作为乡村地区首要的资源一直是其发展的物质根基，可以说乡村地区的一切开发都离不开对土地资源的利用，无论是传统的农业生产、工业生产，还是旅游业态的开发，都涉及乡村土地的使用。但是乡村的土地利用历来受到诸多限制，目前对于农村集体建设用地如何入市正在积极研讨中，面对市场经济、工商业发展和城市不断扩张的时代趋势，农村集体建设用地入市的合法化逐渐成为乡村改革的重要举措。这将为乡村发展提供新的制度机会，也将为乡村发展提供关键的干预力量，是乡村发展路径演变中不可忽视的要点所在，也是乡村发展实践过程密切关注的内容。

"城市—景区"双驱型乡村发展路径选择与形成机制

7.2 研究的理论贡献

7.2.1 提出"城市—景区"双驱型乡村发展路径理论分析框架

本研究建构了"城市—景区"双驱型乡村发展路径的分析框架，并基于多案例比较研究，对发展路径分析框架进行了实证检验和理论丰富。本研究认为，乡村的区位、人力、资本和制度是乡村发展的起始基础，城市溢出和景区辐射是乡村发展的重要驱动力量，在不同力量的主导作用、干预机会和乡村的能动响应下，乡村呈现出丰富的发展路径。经过案例实证，本研究对"城市—景区"双驱型乡村发展路径分析框架进行了丰富，并对其过程机制进行了阐述，具体如图7.1所示。

本研究揭示了"城市—景区"双驱型乡村发展路径的选择过程，提炼出"城市—景区"双驱型乡村发展的四种路径模式，为乡村发展的路径方案创新提供了理论依据。本研究立足于"城市—景区"双驱力量对乡村发展的影响作用，以"长城国际文化村"四个行政村作为实证案例，分析二元力量作用对乡村发展的动态影响。研究发现，城市、景区对乡村发展路径选择具有外部性作用，乡村会基于要素禀赋和流动、区域结构等综合考量对发展路径进行内部选择与决策，由此形成了乡村发展的路径选择。案例分析的结果表明，"城市—景区"双驱型乡村发展具有"景区主导—城市辅助"驱动型、"城市主导—景区辅助"驱动型、"城市—景区"并重驱动型和"城市—景区"双重弱驱动型四种不同类型。在不同的发展路径下，城乡关系、产业结构和空间效益等表现出明显的差异。本研究提出的"城市—景区"双驱型乡村发展的四种路径模式具有较强的典型性，为本领域的理论研究提供了重要的实证案例，也为乡村发展路径的实践创新提供了理论依据。

第七章 结论与展望

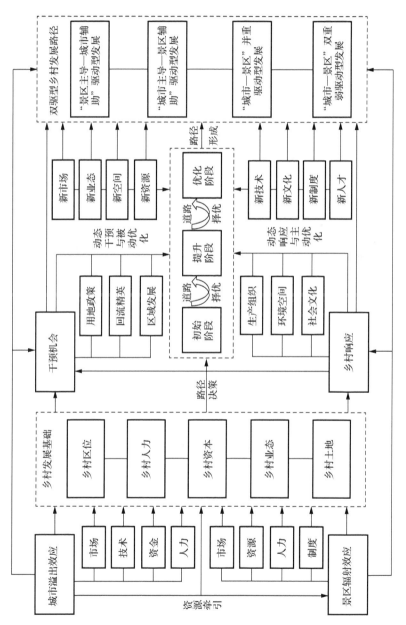

图 7.1 "城市—景区"双驱型乡村发展路径与形成机制分析框架

7.2.2 明确"城市—景区"双驱型乡村多元路径动态竞争的非线性发展过程

本研究揭示了乡村发展中多元路径动态竞争的非线性发展过程，对传统单一视角下的乡村发展路径理论做出了拓展。传统的乡村发展研究通常立足于城市影响或旅游发展影响等单一的驱动影响视角，较少对多种驱动力量共同作用下的动态发展路径进行理论探索。研究发现，"城市—景区"双驱型乡村发展竞争性路径选择是城市与乡村、景区与乡村之间要素流动的双向选择过程，乡村内部要素禀赋相似性、乡村区位条件的相近，决定了四个案例乡村发展路径初始选择的一致性，但是在发展演进过程中，城市与乡村、景区与乡村之间要素集聚与扩散方式的差异，引发了乡村产业结构变动、区域空间结构演化以及发展道路分岔口的形成。同时，在不同时期，乡村发展路径的比较优势会产生动态变化，这使得乡村发展路径并非一成不变，而是在"路径选择—优势比较—路径选择"中循环往复，从而引致乡村发展的路径分异。这是对传统的乡村发展路径理论的重要补充，可以帮助我们建立对乡村多元路径动态竞争和非线性发展过程的理论认知。

7.2.3 揭示"城市—景区"双驱型乡村发展的干预机会及其作用机制

本研究揭示了"城市—景区"双驱型乡村发展的干预机会及其作用机制，为"城市—景区"双驱型乡村发展的过程调控提供了理论依据。本研究发现，在城市溢出效应和景区辐射影响的驱动作用下，乡村会根据自身的资源禀赋和阶段性优势做出择优的路径方案。在这个过程中，一些关键事件的发生则会给乡村发展路径选择提供干预机会，有效的选择和利用这些干预机会，会给乡村发展带来突破性进展或者涅槃机会。其中，区域发展主导产业的推动、回流的乡村精英的引领、农村集体建设用地入市政策等是主要的干预机会。研究进一步提出,在乡村、城市和景区多元互动关系中,乡村一方面需要合理利用外部力量的干预,另一方面需要增强内部建设、壮大自身发展力量,主被动结合促进乡村发展路径的较优选择。明确乡村发展路径选择中的干预机会具有重要的实践价值和理论意义,它既表明了关键事件在乡村发展中的突破性影响,也推动了事件系统理论在乡村发展领域的应用,为乡村发展研究提供了新的理论视角。

7.3 研究局限与展望

本书基于地理学、社会学和人类学等多学科视角和方法,结合乡村发展的相关研究,对"城市—景区"双驱型乡村发展路径展开研究。诚然,作为一项乡村发展路径的探索性研究存在着一定的研究局限。本书对研究存在的局限进行反思,同时对未来乡村研究做出展望,一是要注重乡村研究的多学科融合,二是要加强乡村发展路径的系统性研究。

7.3.1 研究局限

(1) 案例地选取范围应进一步拓展

北京是中国的首都,慕田峪长城拥有世界遗产资源,这种独特的城市地位和资源格局给"长城国际文化村"的四个村赋予了典型性和代表性。由于考虑时间有限和区位便利性,本书只选择了同一行政区划范围的不同乡村作为案例研究对象。长城北京段内的八达岭长城、居庸关长城、慕田峪长城和司马台长城均已作为旅游景区对外开放,长城周边的乡村从自然环境、经济发展和旅游介入也都具有极大的相似性,在未来的研究中,可以选择不同景区类型周边的乡村进行对比研究,扩大研究的区域范围,从而总结"城市—景区"双驱型乡村发展路径选择过程的多样性和差异性,同时应该对比景区驱动型、非景区驱动型、非城市驱动型乡村发展路径的演进历程,形成乡村发展路径的系统研究,以凸显"城市—景区"双驱型乡村发展的特殊性,延展研究的理论深度和实践意义。

(2)数据结构和使用方式应进一步优化

本书所使用的部分数据涉及乡村发展的保密内容,不便直接在研究中予以呈现,因此在数据使用和分析过程中尽量采用了约数或者概数的方式。案例乡村演进的相关材料和数据主要依靠对田野调查数据的观察和总结,后续研究还可以辅以问卷调查进行结构化数据的采集,并可引入数量模型进行比较分析,以增强本书研究的丰富度和合理性。

7.3.2 未来研究展望

(1)基于多学科融合推动乡村发展研究

乡村地域系统的研究是一项复杂的工程。乡村地域涉及诸多要素,各要素之间的逻辑关系成为乡村研究的难点。乡村研究绝不是某一学科的一家独唱,而是多学科共同作用的领域。乡村具有复杂的社会关系、生产要素和时空组合,使得乡村研究势必涉及社会学、人类学、经济学和地理学等学科,单一学科的视角显然难以全面地分析乡村问题、解决乡村发展难题、探寻乡村发展的道路。在未来的乡村研究中,无疑需要多学科融合去解析乡村发展的内在机理。

（2）基于多元案例深化乡村路径优化研究

乡村路径依赖是对路径依赖理论在乡村地域的具体化，路径依赖的内在机制需要系统性的研究，这也将是未来路径依赖研究所需要不断完善的。系统性研究的关键点在于依托多元实证案例厘清乡村路径的演变历程、产生依赖的内在动力、路径依赖的关键因素、破解路径依赖的方法等方面，只有明晰乡村路径依赖的过程、作用机制、要素、破解路径等，才能为乡村路径依赖的破除和优化提供科学的理论借鉴和参考。

（3）基于多功能视角的乡村振兴探究

乡村地域系统是多功能形成与演进的过程，多功能理论视角强调要深入研究其地理背景、动力机制与关联效应，剖析乡村发展转型过程中乡村地域的功能拓展及其空间分异，从而构建多功能统筹的长效机制和途径。充分认识乡村的多功能，既是响应区域发展理论与实践向城乡并重转型、构建区域协调发展机制的客观要求，也是深化地理学对乡村地域功能的认识、完善乡村地域系统理论亟待强化研究的理论命题，为乡村地域"特质化"发展提供理论支撑。在实践中，只有把握乡村的多功能，才能真正有效地实现乡村的振兴和可持续发展。

附录 A　访谈提纲

一、对象一：乡村管理者和组织者

（1）请您简单讲讲村里概况、发展变化、重大事件以及村里未来发展的规划。

（2）请您详细说说乡村的环境、设施建设发展情况、重要的投资及投资内容等。

（3）请您说说村里发展旅游的经过、民宿建设、房屋改造、村民参与人数、村民对发展旅游的态度等。

（4）村里是否成立了专业的旅游相关的组织或者协会，如果有，您认为这种组织的作用和影响是什么？

（5）请您讲讲慕田峪长城国际文化村提出并实施的具体过程，以及对村里发展、村民生产生活的影响和作用。

（6）您是否可以提供一些村里关于人口、土地、生产经营相关的数据资料？

二、对象二：外来旅游经营者

（1）您为什么选择来这里经营发展？

（2）您选择做民俗户或者经营民宿和村民如何达成协商、顺利开展经营的？在此过程中，和村里老乡有没有什么事情是让您印象最深刻的？

（3）您的民宿经历了怎样的改造过程，为何设计成现在的风格，想要表达什么内容？

（4）您通过什么方式或者渠道宣传自己的民宿？目前经营状况如何？您感觉最近几年的经营是越变越好了还是越来越难做了？

（5）您感觉接触的旅游者或者住店客人有哪些变化？

（6）您是否会主动参与到村里各种公共事务中，或者您和村民之间交往如何？

（7）您觉得您到这个村以后，给村里带来了些什么或者对村子发展、对村民有没有什么影响？

（8）您感受到这个村的变化是在哪些方面？这几年中，在村里发生的印象最深刻的事情是什么呢？

三、对象三："长城国际文化村"各村村民（普通村民/旅游经营者）

（1）您是一直留在村里发展，还是出去外面再回来的？为什么这样选择？

（2）您现在在村里主要从事什么经营活动？为什么想要参与到这样的活动中来？

（3）您觉得这几年村里发展变化大吗？什么时候变化是最大的？相比于您小时候（或者以前的生活）有哪些明显的变化？

（4）"长城国际文化村"的联合对您的经营或者生活有哪些明显影响？具体表现在哪些方面呢？

（5）您为什么愿意把自家房屋改造成民宿，详细的过程是怎样的？

（6）您觉得村里或者外来人到村里发展对您有什么影响？

四、对象四：外来游客（游览长城的观光者/村里度假者）

（1）您是通过什么方式知道这里的？为什么会来这边游玩？

（2）您是第几次来这边，每次来村里如何安排自己行程？

（3）您觉得这里的乡村给您最直接的感受是什么？和您印象中的乡村一样吗？有哪些不同？

附录 B 受访者基本信息

表1 慕田峪村受访者基本信息

编号	称呼	性别	身份信息	民宿/农家乐/酒店	开业/入驻时间	访谈时间	备注
M01-a	唐L	女	外来酒店经营者（外籍）	小园餐厅、瓦厂酒店	2006年（小园餐厅）2010年（瓦厂）	2017年3月17日	—
M02-a	张姐	女	外来民宿经营者	长城故事（后更名为：村里故事）	2012—2013年	2019年3月16日；2019年5月23日	原来职业：国有企业（地产置业）员工
M03-b	徐姐	女	农家乐经营者	来吃够农家院	2017年	2019年5月	原来职业：商铺经营
M04-b	孙姨	女	农家乐经营者	望山园农家院	2014年	2019年5月21日；2019年12月22日；2020年1月6日	原来职业：商铺经营

续表

编号	称呼	性别	身份信息	民宿/农家乐/酒店	开业/入驻时间	访谈时间	备注
M05-b	杨X	男	农家乐经营者；M04-b的儿子	望山园农家院	2014年	2019年5月22日；2020年1月4日	原来职业：市区供电局工作
M06-b	—	男	农家乐经营者	赫家大院	—	2019年5月23日	原来职业：开工厂
M07-b	—	女	农家乐经营者	树洞熊农家院	2019年	2019年5月21日	原来职业：商铺经营
M08-b	赫JW	男	农家乐经营者	客嘉居	准备营业	2019年5月20日	原来职业：慕田峪景区公司部门经理；妻子在金融街控股景区经营商铺
M09-b	—	—	农家乐经营者	城边小筑	—	2020年1月4日	
M10-c	赵姨	女	村委会主任；农家乐经营者	荣悦阁农家院	准备营业	2019年7月6日	原来职业：商铺经营

附录 B 受访者基本信息

续表

编号	称呼	性别	身份信息	民宿/农家乐/酒店	开业/入驻时间	访谈时间	备注
M11-c	李书记	男	村支书	—	—	2019年3月15日	—
M12-d	—	男	金融街控股总经理	—	—	2019年3月17日	—
M13-e	—	女	赫JW的妻子；商铺经营者	—	—	2019年5月23日	—
M14-b	贺L	男	农家乐经营者	朴舍	—	2020年1月7日	—

注：M 表示慕田峪村；a 表示外来民宿经营者或员工；b 表示本地农家乐/民宿经营者或员工；c 表示村干部；d 表示投资公司；e 表示其他类别人员。

表 2 北沟村受访者基本信息

编号	称呼	性别	身份信息	民宿/农家乐/酒店	开业/入驻时间	访谈时间	备注
B01-a	常Y	女	酒店员工	瓦厂酒店	2010年	2019年5月22日	—
B02-a	王X	女	酒店员工	瓦厂酒店	2010年	2019年5月21日	嫁入本村
B03-a	盛N	女	酒店员工	瓦厂酒店	2010年	2019年3月12日	—
B04-a	李先生	男	员工	叁舍	2019年	2019年7月6日	原来职业：公司员工

续表

编号	称呼	性别	身份信息	民宿/农家乐/酒店	开业/入驻时间	访谈时间	备注
B05-b	王姐	女	农家乐经营者	聚友农家院	2014年	2019年7月5日；2019年7月6日	原来职业：北旮旯餐厅员工
B06-b	—	男	农家乐经营者	长城小院	—	2019年7月6日	—
B07-b	—	男	农家乐经营者	东坡根六号院	—	2020年1月5日	兼职：会计
B08-b	—	男	农家乐经营者	休闲居	—	2020年1月5日	—
B09-b	—	女	农家乐经营者	良栖山舍（小白楼）	2020年	2020年1月5日	
B10-b	—	男	农家乐经营者	力泽农家院	—	2020年1月6日	
B11-b	—	女	农家乐经营者	正阳农家乐	—	2020年1月6日	
B12-c	王书记	男	村支书	—	—	2019年3月21日	
B13-e	—	男	村民；护城员			2019年7月6日	

注：B表示北沟村；a表示外来民宿经营者或员工；b表示本地农家乐/民宿经营者或员工；c表示村干部；e表示其他类别人员。

附录 B 受访者基本信息

表 3 田仙峪村受访者基本信息

编号	称呼	性别	身份信息	民宿/农家乐/酒店/商店	开业/入驻时间	访谈时间	备注
T01-b	葛叔	男	农家乐经营者	田仙古槐	2000 年	2019 年 7 月 5 日	与外国游客有合作交流
T02-b	—	女	农家乐经营者	隆盛祥农家院旅店	2000 年	2019 年 7 月 5 日	—
T03-b	—	女	农家乐经营者			2019 年 7 月 5 日	准备将农家乐院子出租出去
T04-b	纪 CM	男	农家乐经营者	金旮旯农家院		2020 年 1 月 7 日	—
T05-b	赫 CH	女	农家乐经营者	卧佛山庄	1996 年	2020 年 1 月 7 日	曾是镇上计委科员，前年退休
T06-a	—	女	农家乐员工	栗林小院	2015 年	2019 年 7 月 5 日	外地人来本村工作
T07-b	—	女	农家乐员工	木屋金源居会馆		2019 年 7 月 5 日	
T08-b	—	男	农家乐经营者	北旮旯民宿	2010 年	2020 年 1 月 7 日	
T09-c	宋支书	男	村支书			2019 年 7 月 5 日；2020 年 1 月 6 日	

续表

编号	称呼	性别	身份信息	民宿/农家乐/酒店/商店	开业/入驻时间	访谈时间	备注
T10-c	曹JM	女	村干部	—	—	2020年1月6日	—
T11-c	郝主任	男	渤海镇分管旅游副镇长；镇旅游办主任			2020年1月6日	
T12-d	叔Z	女	业务总负责人	国奥乡居	2015年	2019年7月5日	—
T13-e	—	男	村民；护城员			2019年7月6日	
T14-e	—	男	村民	—	—	2019年7月6日	将自己的宅基地出租给"京古长城"
T15-e	—	女	村民	—	—	2019年7月6日	—
T16-e	—	女	村民；商铺经营者	渤海英明商店	2000年	2020年1月6日	

注：T表示田仙峪村；a表示外来民宿经营者或员工；b表示本地农家乐/民宿经营者或员工；c表示村干部；d表示投资公司；e表示其他类别人员。

附录 B 受访者基本信息

表 4 辛营村受访者基本信息

编号	称呼	性别	身份信息	民宿/农家乐/酒店	开业/入驻时间	访谈时间	备注
X01-c	曾XM	女	村委	—	—	2019年7月23日	—
X02-b	—	男	农家乐经营者	慕田峪长城边红太阳	2005年	2020年1月6日	—
X03-b	—	女	农家乐经营者	观山居	2019年	2020年1月8日	—
X04-b	—	女	农家乐经营者	光影小院	2019年	2020年1月8日	—

注：X 表示辛营村；b 表示本地农家乐/民宿经营者或员工；c 表示村干部。

参考文献

阿克塞尔·马克斯, 贝努瓦·里候科斯, 查尔斯·拉金, 等. 2015. 社会科学研究中的定性比较分析法——近 25 年的发展及应用评估[J]. 国外社会科学, (6): 105-112.

北京大学"多途径城市化"研究小组. 2013. 多途径城市化[M]. 北京: 中国建筑工业出版社.

北京市慕田峪长城旅游服务有限公司. 2016. 慕田峪长城旅游区志[M]. 北京: 电子工业出版社.

卞国凤. 2010. 近代以来中国乡村社会民间互助变迁研究[D]. 天津: 南开大学.

曹智, 李裕瑞, 陈玉福. 2019. 城乡融合背景下乡村转型与可持续发展路径探析[J]. 地理学报, 74(12): 2560-2571.

陈钢华, 保继刚. 2013. 旅游度假区开发模式变迁的路径依赖及其生成机制——三亚亚龙湾案例[J]. 旅游学刊, 28(8): 58-68.

陈宏胜, 李志刚, 王兴平. 2016. 中央—地方视角下中国城乡二元结构的建构: "一五计划"到"十二五规划"中国城乡演变分析[J]. 国际城市规划, 31(6): 62-67.

陈烈, 赖志才, 夏才源. 1998. 珠江三角洲乡村城市化的思考[J]. 热带地理, (4): 289-296.

陈睿. 2007. 都市圈空间结构的经济绩效研究[D]. 北京: 北京大学.

陈雯, 孙伟, 吴加伟, 等. 2015. 长江经济带开发与保护空间格局构建及其分析路径[J]. 地理科学进展, 34(11): 1388-1397.

陈锡文. 2018. 实施乡村振兴战略, 推进农业农村现代化[J]. 中国农业大学学报(社会科学版), 35(1): 5-12.

陈晓燕, 董江爱. 2019. 资本下乡中农民权益保障机制研究——基于一个典型案例的调查与思考[J]. 农业经济问题, (5): 65-72.

程哲, 蔡建明, 崔莉, 等. 2016. 乡村转型发展产业驱动机制: 以盘锦乡村旅游为例[J]. 农业现代化研究, 37(1): 143-150.

崔勇前. 2018. 城乡融合战略视野下乡村养生度假型旅游的发展取向与实现路径[J]. 农业经济, (5): 33-35.

参 考 文 献

刀祝威. 2000. 内陆边境区的空间结构研究[D]. 昆明: 云南师范大学.

淡卫军. 2008. "过程-事件分析"之缘起、现状以及前景[J]. 社会科学论坛(学术研究卷), (6): 50-52.

邓大才. 2001. 农业制度变迁路径依赖及创新[J]. 经济理论与经济管理, (3): 59-63.

邓元慧. 2015. 城际轨道交通与城市群空间结构演化及协调研究[D]. 北京: 北京交通大学.

丁琳琳, 孟庆国, 刘文勇. 2016. 农村集体建设用地入市的发展实践与政策变迁[J]. 中国土地科学, 30(10): 3-10.

杜傲, 刘家明, 石惠春. 2014. 1995—2011年北京市旅游业与城市发展协调度分析[J]. 地理科学进展, 33(2): 194-201.

杜一力. 2012. 体悟邓小平论旅游的战略思考[J]. 党的文献, (6): 57-61.

方劲. 2013. 乡村发展干预中的内源性能力建设——一项西南贫困村庄的行动研究[J]. 中国农村观察, (4): 31-41.

房冠辛. 2016. 中国"淘宝村": 走出乡村城镇化困境的可能性尝试与思考——一种城市社会学的研究视角[J]. 中国农村观察, (3): 71-81.

房艳刚, 刘继生. 2015. 基于多功能理论的中国乡村发展多元化探讨——超越"现代化"发展范式[J]. 地理学报, 70(2): 257-270.

费孝通. 1998. 乡土中国 生育制度[M]. 北京: 北京大学出版社.

冯健, 刘之浩. 2000. 中国第二住宅发展的研究——动力机制、特征、效应与规划展望[J]. 地理学与国土研究, (1): 32-37.

葛敬炳, 陆林, 凌善金. 2009. 丽江市旅游城市化特征及机理分析[J]. 地理科学, (1): 134-140.

龚迎春. 2014. 县域乡村地域功能演化与发展模式研究[D]. 武汉: 华中师范大学.

苟小江. 2017. 我国农村集体建设用地入市的现实困境与实现路径[J]. 西藏民族大学学报(哲学社会科学版), 38(4): 121-124.

谷晓坤, 陶思远, 卢方方, 等. 2019. 大都市郊野乡村多功能评价及其空间布局——以上海89个郊野镇为例[J]. 自然资源学报, 34(11): 2281-2290.

郭焕成, 韩非. 2010. 中国乡村旅游发展综述[J]. 地理科学进展, 29(12): 1597-1605.

郭进. 2018. 全域风景化视角下城乡一体化发展模式探索[C]// 中国城市规划学会、杭州市人民政府. 共享与品质——2018中国城市规划年会论文集（12城乡治理与政策研究）. 中国建筑工业出版社: 694-701.

韩非, 蔡建明, 刘军萍. 2010. 大都市郊区乡村旅游地发展的驱动力分析——以北京市为例[J]. 干旱区资源与环境, 24(11): 195-200.

韩非, 蔡建明. 2011. 我国半城市化地区乡村聚落的形态演变与重建[J]. 地理研究, 30(7): 1271-1284.

何仁伟. 2018. 城乡融合与乡村振兴: 理论探讨、机理阐释与实现路径[J]. 地理研究, 37(11): 2127-2140.

何伟. 2002. 区域城镇空间结构及优化研究——以江苏省淮安市为例[D]. 南京: 南京农业大学.

贺艳华, 周国华, 唐承丽, 等. 2017. 城市群地区城乡一体化空间组织理论初探[J]. 地理研究, 36(2): 241-252.

胡拥军, 周戎桢. 2008. 乡村精英与农村社区公共产品自主供给——基于"熟人社会"的场域[J]. 西南农业大学学报(社会科学版), (4): 37-40.

胡志平, 庄海伟. 2019. 社会资本参与乡村环境治理: 逻辑、困境及路径[J]. 河海大学学报(哲学社会科学版), 21(3): 76-82.

黄进. 2002. 乡村旅游的市场需求初探[J]. 桂林旅游高等专科学校学报, (3): 84-87.

黄凯丽. 2019. 景区依托型乡村旅游扶贫的路径探析[J]. 农业经济, (7): 70-71.

黄杉, 武前波, 潘聪林. 2013. 国外乡村发展经验与浙江省"美丽乡村"建设探析[J]. 华中建筑, 31(5): 144-149.

黄燕平. 1998. 虹鳟鱼养殖游钓业——北京市山区富民工程之一[J]. 水产学杂志, (2):91-93.

黄震方. 2001. 发达地区旅游城市化现象与旅游资源环境保护问题探析——以长江三角洲都市连绵区为例[J]. 人文地理, (5): 53-57

黄震方, 陆林, 苏勤, 等. 2015. 新型城镇化背景下的乡村旅游发展——理论反思与困境突破[J]. 地理研究, 34(8): 1409-1421.

江曼琦. 2001. 聚集效应与城市空间结构的形成与演变[J]. 天津社会科学, (4): 69-71.

金刚, 沈坤荣, 胡汉辉. 2015. 中国省际创新知识的空间溢出效应测度——基于地理距离的视角[J]. 经济理论与经济管理, (12): 30-43.

孔祥利, 夏金梅. 2019. 乡村振兴战略与农村三产融合发展的价值逻辑关联及协同路径选择[J]. 西北大学学报(哲学社会科学版), 49(2): 10-18.

库珀. 2010. 如何做综述性研究[M]. 刘洋, 译. 重庆: 重庆大学出版社.

参 考 文 献

李德仁, 王树良, 李德毅. 2006. 空间数据挖掘理论与应用[M]. 北京: 科学出版社.

李伯华, 刘沛林, 窦银娣, 等. 2014. 景区边缘型乡村旅游地人居环境演变特征及影响机制研究——以大南岳旅游圈为例[J]. 地理科学, 34(11): 1353-1360.

李东和, 汪燕, 王云飞. 2012. 非大城市周边地区乡村旅游发展模式研究——以黄山市为例[J]. 资源开发与市场, (6): 573-576.

李刚, 王红蕾. 2016. 混合方法研究的方法论与实践尝试: 共识、争议与反思[J]. 华东师范大学学报(教育科学版), 34(4): 98-105.

李刚. 2017. 新经济背景下大城市周边传统乡村地区的保护利用——以宁波奉化鄞南传统乡村地区为例[C]//中国城市规划学会, 东莞市人民政府. 持续发展 理性规划——2017中国城市规划年会论文集（09城市文化遗产保护）. 中国建筑工业出版社: 493-500.

李国平, 吴爱芝, 孙铁山. 2012. 中国区域空间结构研究的回顾及展望[J]. 经济地理, 32(4): 6-11.

李建伟, 孙圣举, 袁洋子. 2020. 转型重构语境下的城郊乡村发展路径研究[J]. 建筑与文化, (4): 170-172.

李军. 2006. 新农村建设中的乡村精英与社会资本建构[J]. 山东农业大学学报(社会科学版), (4): 5-9.

李里峰. 2017. 乡村精英的百年嬗蜕[J]. 武汉大学学报(人文科学版), 70(1): 5-10.

李敏纳, 蔡舒, 张慧蓉, 等. 2011. 要素禀赋与黄河流域经济空间分异研究[J]. 经济地理, 31(1): 14-20.

李鹏. 2004. 旅游城市化的模式及其规制研究[J]. 社会科学家, (4): 97-100.

李强. 2013. 旅游城镇化发展模式与机制研究[D]. 长春: 东北师范大学.

李仁贵, 张健生. 1996. 国外乡村学派区域发展理论评价[J]. 经济评论, (3): 67-71.

李仁杰, 杨紫英, 孙桂平, 等. 2010. 大城市环城游憩带成熟度评价体系与北京市实证分析[J]. 地理研究, 29(8): 1416-1426.

李亚娟, 陈田, 王婧, 等. 2013. 大城市边缘区乡村旅游地旅游城市化进程研究——以北京市为例[J]. 中国人口·资源与环境, 23(4): 162-168.

李玉恒, 阎佳玉, 武文豪, 等. 2018. 世界乡村转型历程与可持续发展展望[J]. 地理科学进展, 37(5): 627-635.

李智, 张小林. 2017. 中国地理学对乡村发展的多元视角研究及思考[J]. 人文地理, 32(5): 1-8.

李智, 张小林, 陈媛, 等. 2017. 基于城乡相互作用的中国乡村复兴研究[J]. 经济地理, 37(6): 144-150.

李祖佩. 2013. 项目进村与乡村治理重构——一项基于村庄本位的考察[J]. 中国农村观察, (4): 2-13.

理查德·坎蒂隆. 1986. 商业性质概论[M]. 北京: 商务印书馆.

刘朝旭. 2016. 大都市城郊农业土地利用的竞争机制与转型模式研究[D]. 北京: 中国农业大学.

刘春芳, 张志英. 2018. 从城乡一体化到城乡融合: 新型城乡关系的思考[J]. 地理科学, 38(10): 1624-1633.

刘德谦. 2006. 关于乡村旅游、农业旅游与民俗旅游的几点辨析[J]. 旅游学刊, (3): 12-19.

刘汉民. 2003. 路径依赖理论研究综述[J]. 经济学动态, (6): 65-69.

刘汉民. 2010. 路径依赖理论及其应用研究: 一个文献综述[J]. 浙江工商大学学报, (2): 58-72.

刘佳. 2016. 山东农村公共文化服务体系建设研究[D]. 泰安: 山东农业大学.

刘静萍, 徐小东. 2019. 苏南地区典型乡村空间结构演变过程中驱动因子及其影响量化分析[J]. 西部人居环境学刊, 34(5): 40-48.

刘敏, 方如康. 2009. 现代地理科学词典[M]. 北京: 科学出版社.

刘霞. 2016. 基于路径依赖的河南农业与旅游业融合发展研究[J]. 中国农业资源与区划, 37(3): 233-236.

刘彦随. 2018. 中国新时代城乡融合与乡村振兴[J]. 地理学报, 73(4): 637-650.

刘彦随, 周扬, 李玉恒. 2019. 中国乡村地域系统与乡村振兴战略[J]. 地理学报, 74(12): 2511-2528.

刘正佳, 李裕瑞, 王介勇. 2018. 新时代乡村振兴战略及其前沿观点——2018年博鳌亚洲论坛相关主题评述[J]. 地理学报, 73(8): 1606-1609.

刘志高, 崔岳春. 2008. 演化经济地理学: 21世纪的经济地理学[J]. 社会科学战线, (6): 65-75.

龙花楼, 刘彦随, 邹健. 2009. 中国东部沿海地区乡村发展类型及其乡村性评价[J]. 地理学报, 64(4): 426-434.

龙花楼. 2013. 论土地整治与乡村空间重构[J]. 地理学报, 68(8): 1019-1028.

龙花楼, 屠爽爽, 戈大专. 2016. 新型城镇化对扶贫开发的影响与应对研究[J]. 中国科学院院刊, 31(3): 309-319.

卢松, 周小凤, 张小军, 等. 2017. 旅游驱动下的传统村落城镇化研究——以世界文化遗产宏村为例[J]. 热带地理, 37(3): 293-303.

芦琳娜. 2013. 异质性视角下我国地质勘查投入机制研究[D]. 中国地质大学（北京）.

陆大道. 1986. 二〇〇〇年我国工业生产力布局总图的科学基础[J]. 地理科学, (2): 110-118.

陆大道. 1988. 区位论及区域研究方法[M]. 北京: 科学出版社.

陆大道. 1995. 区域发展及其空间结构[M]. 北京: 科学出版社.

陆大道. 1985. 京津唐地区的区域发展与空间结构[J]. 经济地理, (1): 37-43.

陆林, 葛敬炳. 2006. 旅游城市化研究进展及启示[J]. 地理研究, (4): 741-750.

陆林, 任以胜, 朱道才, 等. 2019. 乡村旅游引导乡村振兴的研究框架与展望[J]. 地理研究, 38(1): 102-118.

陆林. 2005. 旅游城市化: 旅游研究的重要课题[J]. 旅游学刊, (4): 10.

逯百慧, 王红扬, 冯建喜. 2015. 哈维"资本三级循环"理论视角下的大都市近郊区乡村转型——以南京市江宁区为例[J]. 城市发展研究, 22(12): 43-50.

罗震东, 何鹤鸣. 2017. 新自下而上进程——电子商务作用下的乡村城镇化[J]. 城市规划, 41(3): 31-40.

罗正琴. 2018. 新农村建设视域下的乡村旅游开发——基于四川省的分析[J]. 农业经济, (3): 30-32.

吕祖宜, 林耿. 2017. 混杂性: 关于乡村性的再认识[J]. 地理研究, 36(10): 1873-1885.

麻学锋, 孙根年. 2012. 张家界旅游城市化响应强度与机制分析[J]. 旅游学刊, 27(3): 36-42.

马彩虹, 任志远, 李小燕. 2013. 黄土台塬区土地利用转移流及空间集聚特征分析[J]. 地理学报, 68(2): 257-267.

马歇尔. 2009. 经济学原理（上卷）[M]. 朱志泰, 译. 北京: 商务印书馆.

马歇尔. 2009. 经济学原理（下卷）[M]. 陈良璧, 译. 北京: 商务印书馆.

聂付娇. 2018. 景区带动型乡村旅游开发中的社区居民获得感研究——以河南省焦作市岸上村为例[D]. 武汉: 华中师范大学.

聂华林, 赵超. 2008. 区域空间结构概论[M]. 北京: 中国社会科学出版社.

牛雄鹰, 李春浩, 张芮. 2018. 国际人才流入、人力资本对创新效率的影响——基于随机前沿模型的研究[J]. 人口与经济, (6): 12-22.

诺斯. 1994. 制度、制度变迁与经济绩效[M]. 杭行, 译. 上海: 上海三联书店.

庞巴维克. 1964. 资本实证论[M]. 陈端, 译. 北京: 商务印书馆.

庞玉萍. 2013. 中国区域空间结构的优化与区域协调发展——基于城市群视角[D]. 武汉: 武汉大学.

戚晓明. 2019. 社区治理类型与乡村振兴下的农村社区环境治理[J]. 南京工业大学学报（社会科学版）, 18(5): 49-56.

钱再见, 汪家焰. 2019. "人才下乡": 新乡贤助力乡村振兴的人才流入机制研究——基于江苏省 L 市 G 区的调研分析[J]. 中国行政管理, (2): 92-97.

秦青, 赵正, 刘梦婕, 等. 2017. 栖息地周边社区自然资源依赖度及影响因素分析——以四川省大熊猫栖息地为例. 资源开发与市场[J]. 33(3): 301-306.

邱联鸿. 2019. 乡村振兴战略下高质量制度供给问题研究[J]. 新疆农垦经济, (6): 15-20.

约翰斯顿 R. J. 2004. 人文地理学词典[M]. 柴彦威, 译. 北京: 商务印书馆.

任真, 李波, 代旭焕. 2019. 农牧户自然资源依赖度及影响因素研究——以新疆阿勒泰地区富蕴县为例[J]. 北京师范大学学报(自然科学版), 55(4): 497-504.

萨伊. 2009. 政治经济学概论: 财富的生产、分配和消费[M]. 陈福生, 陈振骅, 译. 北京: 商务印书馆.

申明锐, 沈建法, 张京祥, 等. 2015. 比较视野下中国乡村认知的再辨析: 当代价值与乡村复兴[J]. 人文地理, 30(6): 53-59.

宋慧娟, 塞莉, 陶恒. 2018. 景区带动型乡村旅游精准扶贫的机制及路径[J]. 农村经济, (5): 46-51.

舒新城. 1989. 辞海[M]. 上海: 上海辞书出版社.

税伟, 王山河, 张启春. 2005. 乡村城市化概念辨析[J]. 莱阳农学院学报(社会科学版), 17(1): 27-30.

孙枫, 汪德根. 2017. 全国特色景观旅游名镇名村空间分布及发展模式[J]. 旅游学刊, 32(5): 80-93.

孙九霞. 2011. 以可持续旅游统筹城乡: 城乡间平等"互哺"[J]. 旅游学刊, 26(12): 9-10.

孙立平. 2001. 中国农村: 国家-农民关系的实践形态——试论"过程-事件分析"方式[J]. 经济管理文摘, (19): 12-15.

孙立平. 2002. 实践社会学与市场转型过程分析[J]. 中国社会科学, (5): 83-96.

参 考 文 献

孙瑶, 马航, 乔迅翔. 2016. 景区依托型村落功能及空间更新路径——以深圳市较场尾村为例[J]. 现代城市研究, (5): 86-91.

孙钰, 赵玉萍, 崔寅. 2019. 我国乡村生态环境治理: 效率评价及提升策略[J]. 青海社会科学, (3): 53-59.

汤国安, 杨昕. 2012. ArcGIS 地理信息系统空间分析实验教程[M]. 2 版. 北京: 科学出版社.

唐建兵. 2015. 乡村精英与乡村环境治理[J]. 河南社会科学, 23(6): 85-89.

唐健, 谭荣. 2019. 农村集体建设用地入市路径——基于几个试点地区的观察[J]. 中国人民大学学报, 33(1): 13-22.

唐兴霖, 马骏. 1999. 中国农村政治民主发展的前景及困难: 制度角度的分析[J]. 政治学研究, (1): 51-59.

万俊毅, 曾丽军, 周文良. 2018. 乡村振兴与现代农业产业发展的理论与实践探索——"乡村振兴与现代农业产业体系构建"学术研讨会综述[J]. 中国农村经济, (3): 138-144.

王冬萍, 阎顺. 2003. 旅游城市化现象初探——以新疆吐鲁番市为例[J]. 干旱区资源与环境, 17(5): 118-122.

王建廷. 2007. 区域经济发展动力与动力机制[M]. 上海: 上海人民出版社.

王克岭, 董俊敏. 2020. 旅游需求新趋势的理论探索及其对旅游业转型升级的启示[J]. 思想战线, 46(2): 132-143.

王丽华, 俞金国, 张小林. 2006. 国外乡村社会地理研究综述[J]. 人文地理, (1): 100-105.

王逍. 2018. 景宁畲族乡村发展路径与实践[J]. 广西民族大学学报(哲学社会科学版), 40(1): 42-50.

王晓伟, 戈大专. 2019. 山东省旅游扶贫村发展困境与路径分析——以典型案例村为例[J]. 农业现代化研究, 40(5): 728-735.

王云才, 郭焕成. 2000. 略论大都市郊区游憩地的配置——以北京市为例[J]. 旅游学刊, (2): 54-58.

王昭明, 郭吉明, 沈希顺. 2003. 中国养鳟业的发展及存在问题[J]. 科学养鱼, (5): 3-4.

王亚娟. 2012. 河流型风景区游览模式固化的路径依赖及制度创新——以漓江风景名胜区为例[J]. 社会科学家, (5): 80-84.

王祖良, 常艳新, 陆森宏, 等. 2011. 基于社区参与的景区依托型农家乐发展研究[J]. 浙江农林大学学报, 28(1): 127-131.

威廉·配第. 赋税论[M]. 2022. 北京: 商务印书馆.

魏超, 戈大专, 龙花楼, 等. 2018. 大城市边缘区旅游开发引导的乡村转型发展模式——以武汉市为例[J]. 经济地理, 38(10): 211-217.

魏明俊, 王中玉. 2011. "1+3" 模式助力和谐山村建设[J]. 前线, (6): 14-15.

翁瑾, 刘明宇. 2006. 经济学关于空间结构研究的综述[J]. 当代财经, (6): 14.

吴必虎, 黄琢玮, 马小萌. 2004. 中国城市周边乡村旅游地空间结构[J]. 地理科学, 21(6): 757-763.

吴国清. 2008. 都市型乡村旅游发展创新研究——以上海市为例[J]. 生态经济, (10): 104-108.

吴悦芳, 徐红罡. 2012. 基于流动性视角的第二居所旅游研究综述[J]. 地理科学进展, 31(6): 799-807.

席建超, 赵美风, 葛全胜. 2011. 旅游地乡村聚落用地格局演变的微尺度分析——河北野三坡旅游区苟各庄村的案例实证[J]. 地理学报, 66(12): 1707-1717.

夏有才. 2002. 论"乡村城镇化、城乡一体化"发展战略——浅析合肥地区乡村城镇化发展模式[C]//中国城市规划学会. 中国城市规划学会 2002 年年会论文集. 北京: 中国城市规划学会, 542-545.

谢立中. 2007. 结构-制度分析, 还是过程-事件分析?——从多元话语分析的视角看[J]. 中国农业大学学报(社会科学版), (4): 12-31.

谢天慧. 2014. 中国乡村旅游发展综述. 湖北农业科学[J], 53(11): 2715-2720.

谢燕娜, 朱连奇, 杨迅周, 等. 2013. 河南省旅游产业集聚区发展模式创新研究[J]. 经济地理, 33(11): 175-181.

徐斌, 徐寿波. 2006. 生产要素层次理论[J]. 北京交通大学学报(社会科学版), 5(4): 15-18.

徐寿波. 2006. 生产要素六元理论[J]. 北京交通大学学报(社会科学版), 5(3): 15-19.

薛德升, 陈文娟, 侯启章. 1998. 有关"乡村城市化"和"城乡一体化"等几个概念的辨析[J]. 城市问题, (1): 14-16.

薛德升, 郑莘. 2001. 中国乡村城市化研究: 起源、概念、进展与展望[J]. 人文地理, 16(5): 24-28.

杨佳. 2013. 都市型乡村旅游运行机制与模式研究[D]. 上海: 上海师范大学.

杨忍, 文琦, 王成, 等. 2019. 新时代中国乡村振兴: 探索与思考——乡村地理青年学者笔谈[J]. 自然资源学报, 34(4): 890-910.

叶超, 高洋, 2019. 新中国 70 年乡村发展与城镇化的政策演变及其态势[J]. 经济地理, 39(10):139-145.

尹贻梅, 刘志高, 刘卫东. 2012. 路径依赖理论及其地方经济发展隐喻[J]. 地理研究, 31(5): 782-791.

于定明. 2019. 集体建设用地入市基本问题探析[J]. 思想战线, 45(3): 158-165.

喻忠磊, 杨新军, 杨涛. 2013. 乡村农户适应旅游发展的模式及影响机制——以秦岭金丝峡景区为例[J]. 地理学报, 68(8): 1143-1156.

臧玉珠, 杨园园, 曹智. 2019. 大城市郊区乡村转型与重构的典型模式分析——以天津东丽区华明镇为例[J]. 地理研究, 38(3): 713-724.

翟向坤, 郭凌. 2016. 乡村旅游开发中乡村文化生态建设研究[J]. 农业现代化研究, 37(4): 635-640.

张城铭, 翁时秀, 保继刚. 2019. 1978 年改革开放以来中国旅游业发展的地理格局[J]. 地理学报, 74(10): 1980-2000.

张泓, 柳秋红, 肖怡然. 2007. 基于要素流动的城乡一体化协调发展新思路[J]. 经济体制改革, (6): 100-103.

张建辉, 毕燕, 张颖. 2010. 中国城市居民旅游需求空间差异及变化研究[J]. 旅游学刊, 25(2): 29-35.

张京祥, 申明锐, 赵晨. 2014. 乡村复兴: 生产主义和后生产主义下的中国乡村转型[J]. 国际城市规划, 29(5): 1-7.

张良. 2016. "资本下乡"背景下的乡村治理公共性建构[J]. 中国农村观察, (3): 16-26.

张辽. 2013. 要素流动、产业转移与区域经济发展[D]. 武汉: 华中科技大学.

张伟, 张宏业, 张义丰. 2010. 基于"地理要素禀赋当量"的社会生态补偿标准测算[J]. 地理学报, 65(10): 1253-1265.

张小林. 1992. 试论乡村城市化[J]. 人文地理, 7(2): 37-40.

张骁鸣, 保继刚. 2009. 旅游发展与乡村变迁: "起点—动力"假说[J]. 旅游学刊, 24(6): 19-24.

张欣然. 2016. 社区居民对都市近郊乡村旅游影响的感知与态度的实证研究——以成都花香果居景区为例[J]. 中国农业资源与区划, 37(12): 243-248.

张雄一, 孙惠芳, 毛兴, 等. 2016. 景区依托型乡村发展研究——以张家界村为例[J]. 安徽农业科学, 44(34): 160-166.

张英男, 龙花楼, 马历, 等. 2019. 城乡关系研究进展及其对乡村振兴的启示[J]. 地理研究, 38(3): 578-594.

赵领娣, 徐乐, 张磊. 2016. 资源产业依赖、人力资本与"资源诅咒"假说——基于资源型城市的再检验[J]. 地域研究与开发, 35(4): 52-57.

郑群明, 钟林生. 2004. 参与式乡村旅游开发模式探讨[J]. 旅游学刊, 19(4): 33-37.

中共中央、国务院印发《乡村振兴战略规划（2018—2022年）》[N]. 2018-09-27. 人民日报.

中国大百科全书出版社《简明不列颠百科全书》编辑部. 1986. 简明不列颠百科全书[M]. 北京: 中国大百科全书出版社.

周立. 2018. "城乡中国"时代的资本下乡[J]. 人民论坛, (28): 70-72.

周尚意. 2017. 四层一体: 发掘传统乡村地方性的方法[J]. 旅游学刊, 32(1): 6-7.

周思悦, 申明锐, 罗震东. 2019. 路径依赖与多重锁定下的乡村建设解析[J]. 经济地理, 39(6): 183-190.

周志祥, 范剑平. 1988. 农村发展经济学[M]. 北京: 中国人民大学出版社.

朱迪. 2012. 混合研究方法的方法论、研究策略及应用——以消费模式研究为例[J]. 社会学研究, 27(4): 146-166.

朱竑, 贾莲莲. 2006. 基于旅游"城市化"背景下的城市"旅游化"——桂林案例[J]. 经济地理, 26(1): 151-155.

朱琳, 黎磊, 刘素, 等. 2019. 大城市郊区村域土地利用功能演变及其对乡村振兴的启示——以成都市江家堰村为例[J]. 地理研究, 38(3): 535-549.

Addison L. 2014. Delegated Despotism: Frontiers of Agrarian Labour on a South African Border Farm [J]. Journal of Agrarian Change, 14(2): 286-304.

Azizi A, Malakmohamadi B, Jafari H. 2016. Land use and land cover spatiotemporal dynamic pattern and predicting changes using integrated CA-Markov model[J]. Global Journal of Environmental Science & Management, 2(3): 223-234.

Bebbington A. 2000. Reencountering development: Livelihood transitions and place transformations in the Andes[J]. Annals of the Association of American Geographers, 90(3): 495-520.

Bebbington A. 2004. NGOs and uneven development: geographies of development intervention[J]. Progress in Human Geography, 28(6): 725-745.

Birch S J. 1973. A survey of second homes: their number, character, owners and use[D]. Durham: Durham University.

参 考 文 献

Boies J, Prechel H. 2002. Capital Dependence, Business Political Behavior, and Change to the Multilayered Subsidiary Form[J]. Social Problems, 49(3): 301-326.

Chung H. 2013. Rural transformation and the persistence of rurality in China[J]. Eurasian Geography and Economics, 54(12): 594-610.

Dallen J T, Victor B T. 2009. Tourism and the lodging sector[M]. London: Routledge.

David P A. 1985. Clio and the economics of QWERTY[J]. American Economic Review, 75(2): 332-337.

Dunn E S. 1956. The market potential concept and the analysis of location[J]. Papers in Regional Science, 2(1): 183-194.

Ebbinghaus B. 2009. Can Path Dependence Explain Institutional Change? Two Approaches Applied to Welfare State Reform.[M]//Magnusson L, Ottosson J. The Evolution of Path Dependence Edward: Elgar Publishing: 191-218.

Eldredge N, Gould S J. 1972. Punctuated equilibria: An alternative to phyletic gradualism[M]//Schopf T J M. Models in Paleobiology San Francisco: Freeman Cooper: 82-115.

Ewert J A, Toit D A. 2005. A deepening divide in the countryside: Restructuring and rural livelihoods in the South African wine industry [J]. Journal of Southern African Studies, 31(2): 315–322.

Friedmann J. 1973. Urbanization, Planning, and National Development[M]. Los Angeles: Sage Publications.

Flick M B. O'Malley D, Rutherford T, et al. 2004. Apoptosis-based evaluation of chemosensitivity in ovarian cancer patients[J]. Journal of the Society for Gynecologic Investigation, 11(4): 252-259.

Garud R, Nayyar P R. 1994. Transformative capacity: Continual structuring by intertemporal technology transfer[J]. Strategic Management Journal, 15(5): 365-385.

Harrison D. 2008. Pro-poor tourism: a critique[J]. Third World Quarterly, 29(5): 851-868.

Heley J, Jones L. 2012. Relational rurals: Some thoughts on relating things and theory in rural studies[J]. Journal of Rural Studies, 28(3): 208-217.

Holmes J. 2006. Impulses towards a multifunctional transition in rural Australia: Gaps in the research agenda[J]. Journal of Rural Studies, 22(2): 142-160.

Jackie C. 1996. Farm accommodation and the communication mix[J]. Tourism Management, 17(8): 611-616.

Jayet H. 1990. Spatial search processes and spatial interaction: 1.Sequential search, intervening opportunities, and spatial search equilibrium[J]. Environment and Planning A, 22(5): 583-599.

Li Y H. 2012. Urban- rural interaction patterns and dynamicland use: Implications for urban-rural integration in China[J]. Regional Environmental Change, 12(4): 803-812.

Li Y, Fan P C, Liu Y S. 2019. What makes better village development in traditional agricultural areas of China? Evidence from long-term observation of typical villages[J]. Habitat International, 83: 111-124.

Michael P. 2014. Progress in Rural Geography (Routledge Revivals)[M]. London: Routledge.

Miglarese A H. 2009. Photogrammetric Engineering and Remote Sensing: Preface[J]. Photogrammetric Engineering and Remote Sensing, 75(7): 747.

Pan L L, Bao J G. 2005. Role of Intervening Opportunities in Tourist Destination Development[J]. Chinese Geographical Science, 15(4): 368-376.

Perroux F. 1950. Economic Space: Theory and Applications[J]. Quarterly Journal of Economics, 64(1): 89-104.

Pontius R G, Schneider L C. 2001. Land-cover change model validation by an ROC method for the Ipswich watershed, Massachusetts, USA[J]. Agriculture Ecosystems and Environment, 85(13): 239-248.

Pontius R G, Shusas E, Mceachern M. 2004. Detecting important categorical land changes while accounting for persistence[J]. Agriculture Ecosystems & Environment, 101(2): 251-268.

Pontius R G. 2000. Quantification error versus location error in comparison of categorical maps[J]. Photogrammetric Engineering and Remote Sensing, 66(8): 1011-1016.

Raphael S. 1998. Intervening opportunities, competing searchers, and the intrametropolitan flow of male youth labor[J]. Journal of Regional Science, 38(1): 43-59.

Ratcliffe M, Burd C, Holder K, et al. 2016. Defining rural at the US Census Bureau[J]. American Community Survey and Geography Brief (8): 1-8.

Rogers E M. 1969. Communication Research and Rural Development[J]. Canadian Journal of African Studies, 3(1): 216-222.

Rogers E M. 1960. Social change in rural society : a textbook in rural sociology[M]. New York: Appleton Century Crofts.

Russell H. 2006. Research methods in Anthropology: Qualitative and quantitative approaches(the 4th Edition) [M]. Oxford: Rowman & Littlefield publishers.

Ryser L, Halseth G. 2010. Rural economic development: A review of the literature from industrialized economies: Rural economic development[J]. Geography Compass, 4(6): 510-531.

Santé I, García A M, Miranda D, et al. 2010. Cellular automata models for the simulation of real-world urban processes: A review and analysis[J]. Landscape and Urban Planning, 96(2): 108–122.

Su X B. 2016. Development intervention and transnational narcotics control in northern Myanmar[J]. Geoforum, 68(1): 10-20.

Uwe F, Kardorff E V, Steinke I. 2004. A Companion to Qualitative Research[M]. London: Sage Publications.

Zhang J, Zhou Y K, Li R Q, et al. 2010. Accuracy assessments and uncertainty analysis of spatially explicit modeling for land use/cover change and urbanization: A case in Beijing metropolitan area[J]. Science China Earth Sciences, 53(2): 173-180.